파도야, 미안하다

윤 범 모

문예원

| 시인의 말 |

뉴욕시절의 넋두리를 얼떨결에 시집이랍시고 출판한 것이 문제의 단초였다. 1988년 열화당에서 나온 『불법체류자』가 그것이다. 그러고 그냥 세월을 보냈다. 한국미술사에서 최고 걸작이라고 꼽히는 토함산 석굴암을 소재로 하여 뭔가 꾸며보려다가 『토함산 석굴암』(2015년 출판)이라는 장편시집 형식으로 정리하게 되었다. 이 원고를 본 한 시인의 안내로 나는 시 공부 모임에 나가게 되었고, 이를 계기로 시와 친해졌다.

김재홍 교수가 주관하는 『시와 시학』으로 등단이라는 관문을 통과하니(2008), 시 공부를 더욱 열심히 해야 했다. 하지만 현실은 그렇지 않아 늘 답답했다. 그래도 시집 『노을씨, 안녕!』(2009), 『멀고 먼 해우소』(2011), 『바람미술관』(2020)을 출판했다. 시 쓰기는 목마른 사막의 연장이었다. 그래서 그랬을까. 쉽게 읽히는 시가 좋아졌다. 편안한 시. 시는 살아가는 이야기를 물 흐르듯 서술하는 형식이라고 여겼다. 그래도 어떤 것은 괜히 심각하게 되었고, 또 어떤 것은 뭔가 지적하려고도 했다. 친구들은 시 속의 풍자적 요소가 돋보인다고 했지만.

뒤늦게 공직 생활하다 보니 그나마 시를 쓸 수 없었다. 그러던 어느 날 전주에서 질펀한 술자리가 열렸다. 박종수, 호병탁, 김익두, 이홍재 등이 함께했다. 여기서 김 교수가 시집 내자고 바람잡이를 했고, 내가 신작이 없다니까, 그럼 시선집을 내자고 보챘다. 여기에 호병탁 평론가가 해설 원고를 쓰겠다고 거들었다. 이에 생각지도 않았던 시선집이 나오게 되었다. 미안하고 고마울 따름이다.

이 시선집은 등단 이후 3권의 시집을 기본으로 하여 70편을 뽑은 것이다. 서정적인 것부터 약간의 성찰을 바탕으로 한 것, 그리고 일상생활의 여러 단면을 서술적으로 정리한 것 등이다. 나는 이야기가 있는 시를 좋아했다. 거기다 풍자적인 표현까지 곁들일 수 있다면 더욱 좋았다. 이렇게 시선집을 엮어보니 너무 허술하여 반성의 채찍을 들게 한다. 시는 그 사람이라 했는데, 인생이 엉성하니 시까지 엉성해진 것 같다. 꽃은 누가 보거나 말거나 항상 아름답게 피고 있는데.

요즘은 날마다 내 생일이라고 생각한다. 아니다. 날마다 내 기일이라고 생각한다. 그러고 보니 오늘이 가장 축복받은 날이고, 젊은 날이라고 여겨지게 되었다. 하여 무엇이 더 필요하겠는가. 다만 원효의 무애 춤과 노래가 그리울 따름이다.

2023년 가을에
무애당無碍堂 모심.

| 차례 |

시인의 말 3

제1부 나는 도둑놈이다

자서전 11
길 12
땅과 친해졌다 13
나는 도둑놈이다 14
마라도에서 15
바람 미술관 16
벌거벗고 노래하는 사내―조나단 브로프스키의 작품 앞에서 17
어느 봄날―이호관의 『능호집』을 읽고 19
멀고 먼 해우소解憂所―해인사 백련암에서 20
껍질 22
몸 가벼운 저 강물 23
작은 산, 너도 부담스럽다 25
빈 항아리 26
천정에 매달린 장갑 27
오낙엽 씨 29
큰일났습니다 30
시껍했네 31
가야산 홍류동에서 32
매미 오도송 33
카메라를 버리다 34
소금단지 35

베니스의 도마뱀 36
놀고 있는 땅 38

제2부 주먹에서 손바닥까지

백척간두―실상사 도법 스님과 다담茶談에서 41
야단법석 43
고양이 찾기 44
집사람 46
유자농원에서 47
교통신호등 48
색채론 50
인왕산 산불 51
주먹에서 손바닥까지 52
가을 독경 54
어떤 사과 56
억새풀 58
꽃을 땅에 묻다 59
별 헤는 밤―배종헌의 설치작품에 대한 주석 60
페이지 터너를 위하여 62
파도야, 미안하다 64
인왕산 보름달 65
연습 66
솔방울 사태 68
살아남은 것들은 왜 온몸이 상처투성이일까 70

제3부 영혼의 무게

밥상 물리는 재미 75
강남 스타일 76

나체와 갑옷 78
월든 호수-메사추세츠 콩코드에서 헨리 데이빗 소로우를 추억하다 80
반얀나무의 말씀 83
물잔에 담기는 달빛 86
개가 된 처녀의 고백 87
종마種馬가 되고 싶다! 90
저 홍어 수컷이 부럽다 92
달려라, 글로벌 빌리지 포장마차여 94
마늘밭 항의 96
실버 모델 98
여자들 등처먹기 99
백의민족, 좋아하고 있네 101
이 어린 양, 한 말씀 여쭙고자하옵니다 104
영혼의 무게 106
왜 여자들이 더 오래 살까 108
세계의 근원 111
조선백자 사설私說 113
돈황에서 개에 물리다 117
불구-단동丹東 압록강 단교斷橋에서 120
건널 수 없는 강-압록강 단동丹東에서 신의주를 바라봄 121
은행잎의 거리에서 122
묘향산 만폭동에서 124
애기봉愛妓峰 125
펀치볼 소나무 126
플로리다의 천둥소리 127
코로나 바이러스에게 130
들리는가, 본존상의 한 말씀-토함산 석굴암 133

해설 예리한 언어적 통찰의 결과로만 나타날 수 있는 시원한 파격
_호병탁(문학평론가) 137

제 1 부

나는 도둑놈이다

자서전

어떤 사진작가가
카메라 조리개를 크게 열어놓고
연극 한 편을 찍었다

시간의 축적을 인화했다
찧고 까불었던 등장인물
모두들 어디로 갔는가

오랜 시간 노출로 열심히 찍은 오만가지 이야기
지지고 볶고 설쳐댔지만
결국 남은 것은 백지
하얗게 지워진 무대

어떤 자서전

길

개는 땅을 보고 걷는다
신체 구조상 하늘 보고 걸을 수 없다
그럼에도 불구하고
개는 목적지를 잘 찾아 간다

사람은 먼 곳을 보고 걷는다
하늘도 보고
옆을 보기도 한다
그럼에도 불구하고
사람은 목적지를 잃고 곧잘 헤맨다

오늘도 나는 길에서
길이 어디냐고 물었다

땅과 친해졌다

길을 따라가다 넘어졌다
여태껏 땅바닥이라고
짓밟기만 했던 그 바닥에
온몸을 눕혔다

참, 잘 넘어졌다
땅은 더 이상 바닥이 아니었다
넘어지고 보니
지구의 우듬지였다

넘어지지 않은 사람은 모를 것이다
땅을 딛고 일어서는 사람은
땅에서 넘어진 사람이라는 것을

오늘 나는 땅 꼭대기에서 넘어졌다
지나가는 바람은 모른 체 했지만
하늘에게는 조금 미안했다

땅과 친해졌다

나는 도둑놈이다

평생 도둑질을 즐기면서 살았다
말하기 좋아 역마살 인생이지
좋은 풍경 찾아다니며 세월을 탕진했다

멋진 풍경 하나 만들어 남에게 보이지도 못하고
낡아 버린 탐미의 얼룩들
이마에 쭈글쭈글 밭고랑으로 남았다

진정 고백하건대
평생 남의 풍경만 훔치면서 살아왔다

나는 도둑놈이다
풍경 도둑놈

마라도에서

국토 최남단이란 표지석이 있는
조그만 섬

산방산 아래
모슬포에서 마신 술값
갚아도 좋고
말아도 좋다는 그 곳
가파도 아래
마라도

최남단까지 밀려 왔으니
더 이상 어디로 갈 것인가
돌섬은 드센 바람과 파도에
연신 얻어맞아
시커멓게 멍들어 있는데

술값 갚으라고?
그래, 이젠 됐다
갚아도 좋고
말아도 좋고

바람 미술관

바다가 보이는 비탈진 언덕에
미술관이라고 명패를 단 창고 같은 조그만 건물
안에는 진열품 하나 없다

꽉 채우지 않은 벽면의 일정한 간격
그 파격의 틈새로
햇살은 막무가내로 비집고 들어와 빗금으로 살랑거렸다
화려했다
햇살 작품

태평양 건너
제주의 억새밭 뒤흔들고 끼어든 바람
전시장을 가득 메웠다

바람을 전시하다니
바람소리를 전시하다니
세상의 소리를 보라고 전시하다니
오, 관세음觀世音

벌거벗고 노래하는 사내
 - 조나단 브로프스키의 작품 앞에서

설날 연휴에 과천으로 갔다
계곡 타고 내려오는 바람이 몸을 움츠리게 했다
무슨 소리인가
바람 소리치고는 이상했고
귀신 씨나락 까먹는 소리 같지도 않았다

미술관 입구에 들어서자
거기 덩치 큰 사내 하나
알몸으로 우뚝 서 있다
그는 아래턱만 움직이면서 뭔가 소리를 만들었다
노래하는 사람이란 제목을 달고

비가 오나 눈이 오나 사시사철 밖에 서 있는 사내
신음소리 통곡소리 속으로 잠기게 하고
때가 되면 무조건 노래를 불러야 하는 사내
허우대만 그렇듯 하지
팬티 한 장 걸치지도 못하고 울어야만 하는 사내

나는 미술관 안에 들어가지 못하고
밖에 서있어야만 했다
점점 목이 쉬어가면서

어느 봄날
- 이호관의 『능호집』을 읽고

세월은 흘러갔고
빈 술항아리만 남았다
꽃피는 계절이 와도
술이 없어 친구를 부를 수 없다

먼 산 바라보다
애꿎은 항아리만 발로 차니
거기 가득 차 있던
꽃향기가 뿜어 나왔다

혼자서라도 취기를 느껴야 하는
불쌍한 봄날이다

멀고 먼 해우소解憂所
- 해인사 백련암에서

가야산 깊은 밤
덩치 큰 짐승의 할 소리에 잠을 깨다
방문을 여니 찬 바람 떼로 몰려오고
맞은 편 능선 위의 별 수좌 초롱초롱하다
담장 곁의 깡마른 대나무 선승들
머리 조아리며 증도가證道歌를 암송한다

아, 깨어 있구나
모두들 철야 용맹정진하고 있구나

멍청한 잠꾸러기 하나
겨우 오줌보나 채우고 있었는데
한 소식 얻은 만물들
기쁨에 겨워 춤 추고 있구나

캄캄한 밤
염치불구하고 박차는 문
멀고 먼 해우소 가는 길에

드디어 터지는 오도송悟道頌

아, 오줌 마렵다!

껍질

장작불을 지핀다

소나무 껍질은 불씨 되기는커녕
연기만 시꺼멓게 뿜어낸다

껍질 벗긴 바짝 마른 나무
연기 대신 붉은 불꽃 피워주며
온기를 건네준다

세월의 앙금
쭈글쭈글 껍질로 남아
불쏘시개는커녕
착한 이웃 눈물이나 흘리게 하는
허접한 황혼이다

몸 가벼운 저 강물

절벽에 올라 강을 본다
저무는 해를 붙들고
천년 전에도 흘러갔을 저 강물
어쩌면 군소리 하나 없이
아래로 아래로만 흘러갈까
자기의 나이도 잊고

뒤에 오는 신참에게 자리를 내주며
낮은 곳으로 내려가는 물줄기
세상에서 제일 어려운 일은 남에게 내 자리 내주며
가장 낮은 위치에 머무는 것
세상에서 제일 어려운 것은 바로 하심(下心) 공부!
마음을 비워내는 것 아닌가

한눈팔지 않고 다소곳이 아래로만 내려가는
몸 가벼운 저 강물
나는 언제 낮은 곳에서 몸을 숙이며
내 이름과 몸을 비워버릴 수 있을까
바다에 이르는 강물은 자신의 이름을 고집하지 않는다는데

저무는 여름 강가에
대책 없이 나선
나의 손발은 시리기만 하다

작은 산, 너도 부담스럽다

제일 높은 정상 대신
그 옆의 작은 산에 올라갔다
큰 산이 잘 보였다

내 것은 물론 남의 것도 수중에 넣어야
행복이 오는 줄 알았다
세월이 할퀴고 간 다음
내 것조차 다 챙기지 않으니
헐거워진 만큼 여유가 생겼다

오늘 나는 낮은 산에 올라갔다
꼭대기가 더 잘 보여 내 것처럼 여겨졌다

오른다는 것
이제 작은 산에 오르는 것도 부담스럽다

빈 항아리

술독
지독한 놈이다
술 담았던 항아리는 장을 담을 수 없다
술독毒에 쩌들어
이제 아무짝에도 쓸 수 없다
구수한 된장 한 종지조차 담아 줄 수 없는

허우대는 멀쩡하지만
평생 술에 쩔어
속 빈 놈
멍청하게 후미진 구석이나 겨우 차지하고 있을 뿐

내 몰골과 겹쳐지는
빈 항아리 하나

천정에 매달린 장갑

막걸리 마시다
천정을 보니
일회용 비닐 장갑 하나
물을 잔뜩 먹고 매달려 있다

술꾼을 내려다보고 있는
활짝 펼친 손바닥

술이 취하지 않아
식당 주인에게 물었다
왜 천정에 장갑을 매달아 놓았습니까

파리 쫓는 손
사람의 손바닥입니다
사실 사람 손처럼 무서운 게 세상 어디에 있습니까
파리조차 무서워 얼씬도 하지 않는답니다

아, 무서운
무서운 사람의 손

나는 막걸리 잔 잡았던 손을 슬그머니 내려놓는다
취해서 비틀거리는 물 먹은 손바닥

오낙엽 씨

지난 여름은 위대했다고
도처에서 칭송이 자자하더라도

찬바람 불면
서푼어치의 미련도 남기지 않고
단호하게 떠날 채비를 하는 그대

매년 때가 되면
옷 벗는 연습하라고 교육시키는
나의 호스피스
오, 낙엽 씨

큰일났습니다

폭염과 열대야로 시달린
지난 여름
우리 백성들은 살아생전에
확탕지옥鑊湯地獄을 체험했습니다
그래서 사후에는 모두
천국으로 갈 것입니다

큰일 났습니다

시껍했네

바람 일으켜 세워놓고
꽃잎 하나 떨어지는구나

바람에
이 몸도 갸우뚱
추락할 뻔 했네
오늘이 마지막 날인 것처럼
정말
시껍했네
이 한 순간의
십겁十劫
시껍했네

꽃망울 맺건
꽃잎 떨어지건
찰라, 찰랑
찰라, 찰랑
그것은 십겁
시껍했네

가야산 홍류동에서

인간들 시비 다투는 소리가 들려올까봐
계곡 물소리로 산을 감쌌다고
신라의 대선배님은 노래했는데
그런 노래를 바위에 새겨 놓았다는데

도시의 귓가에서 맴도는 아귀다툼 좀 씻어볼까
가야산 홍류동 계곡에 갔는데
물소리는 빈혈에 허부적거리고
대신 관광객 흥청거리는 굉음만 가득했는데

인간세상 꼬락서니 보기 싫어
하늘은 홍수 앞세워 계곡을 뒤흔들어 놓았다는데
고운孤雲 시비詩碑도 엎어버렸다는데

참, 잘했다

매미 오도송

내설악 끼고 낮잠이라도 자볼까
백담사 객실에 누워 있으려니
계곡 물소리가 온몸을 뒤흔든다
눈 떠 있으라!
설악의 죽비 소리
가람의 적막을 흔드는구나

눈빛 밝은 수좌 두엇
일주문 나서며 중얼거리는데
오도송悟道頌인가
매미들 목청 가다듬고 통역을 한다

맴맴 쓰르르르
쓰르르르 맴맴

오도송도 번거롭다
이 무슨 사치냐
저 매미들 모두 자진自盡케 하라

카메라를 버리다

평생동안 참 많이도 찍었다, 사진을
수만, 수십만 커트
왜 그렇게 찍고 또 찍었을까
사진 개인전도 열었고
사진집도 출판했다

목적 없이 친구 따라 간
몽골 초원
백 번째의 해외여행 길에 처음으로
카메라를 챙기지 않았다

렌즈에만 담기는 풍경들
그것은 과욕이었다
기억의 창고에 쌓인 풍경들도 부담스럽다
나는 가지고 있는 것이 너무 많다

버리는 연습
이제 카메라를 버려야겠다
언젠가는 풍경도 버릴 것이다

소금단지

가야산 해인사를 제대로 보기 위해
맞은편 남산 제일봉에 오르다
한눈에 들어오는 천왕봉
그 품안의 신라 고찰이 정갈하다

천년 동안 장경각 모시고 있는 대가람
화마가 제일 무섭다
이를 퇴치하고자
남산 제일봉 정상에 매년 소금단지를 묻는다

남산 꼭대기 위로 모셔 온 소금단지
아, 바다
그 망망대해
오늘도 아무 말 없이 해인을 지켜주고 있다

애인아
그대는 모를 것이다
그대를 지켜주기 위해 내 가슴속 깊이 묻어 놓은
소금단지를

베니스의 도마뱀

베니스 비엔날레와 함께
아르세날레 길목 해군클럽에서의
젊은 전시
설치미술치고는 보기 어려웠던 것
로비의 바닥을 향 가루로 가득 채웠다
향 가루로 쓴 돋을새김의 문자
베니스의 게이바 간판들이라고 했다
남자가 남자를 그리워하는 곳

전시는 이색적인 분향 의식
덕분에 건물 안은 향 타는 내음으로 가득했다
향 가루로 새긴 이름들은 천천히 재로 바뀌었다
아무리 정성 들여 썼다 해도
지워지는 이름들

어느 날 밤 불청객이 쳐들어 왔다
작품 위로 길게 그어진 발자국
불타는 곳에서는 뜨거웠는지 몸부림 흔적도 보였다
보폭으로 보아 도마뱀의 소행이라 했다

추가된 도마뱀의 발자국

드디어 작품을 완성시켰다

놀고 있는 땅

도시를 걷다가
건물과 건물 사이의 공터를 만났다
금싸라기 땅처럼 보였다
그래서 그런가 사람들은 거길 보고
놀고 있는 땅이라고 불렀다

처음부터 제 자리를 지키고 있을 뿐인데
놀고 있다고?
하기야 묵언 수행승을 보고
놀고 있다고 말하는 사람도 있을지 모르지
자신의 진면목조차 잃어버린 주제에

오늘
나는 진짜 놀고 싶구나

제 2 부

주먹에서 손바닥까지

백척간두
- 실상사 도법 스님과 다담茶談에서

위태롭게
위태롭게
우리는 날마다 백척간두百尺竿頭에 서 있네
천 길 낭떠러지 위에서
한 걸음 더 내딛기 위해
순간순간마다 아슬아슬 하네

백척간두 위에 서는 것
일생에 어쩌다 몇 번 오는 것 아니라
늘 끼고 있는 것이라네

우리네 인생이 별 것인가
들숨과 날숨
이게 전부 아닌가
한순간이라도 숨 하나 제대로 챙기지 못하면
아무리 화려한 생애라 해도
끝장이라네
숨 한번 내쉬는 것도 이렇게 엄중하거늘

어찌 백척간두가 따로 있겠는가

날숨 하나
그게 바로 백척간두인 것을

야단법석

화려한 꽃들 만발한 가람
초파일 법문에 욕망을 내려놓으라고 하네

뭘 내려놓아야 하는가
꽃들은 자기네들끼리 화려하게
야단법석을 펼치고 있는데

나는 예쁜 꽃을 보다가
그냥 눈을 감았네

고양이 찾기

제 직업은 집 나간 고양이를 찾는 것
한마디로 고양이 탐정이지요
세상에 그런 직업도 다 있느냐고 묻겠지만

자, 가출한 고양이를 찾아볼까요
여기서 무엇보다 중요한 것은 적막한 시간
거기다 깜깜한 밤이면 더 좋겠네요
그렇다고 멀리 갈 것도 없어요
우선 집안의 후미진 곳부터 살펴보세요
움직이는 것들의 습성은 다 비슷하니
야옹아, 야옹아
간절하게 불러보세요
화두를 든 것처럼

소식이 없으면 옆집으로 가세요
거기도 아니면 그 다음 집으로
아마 동네 어디엔가 숨어 있을 거예요
고양이는 결코 멀리 있지 않아요
다만 주의할 것 하나가 있는데

손전등을 사용하면 안 돼요
억지로 빛을 만든다고 해결될 일은 아니거든요

고양이는 정말 가까운 데 있어요
깜깜한 곳에 숨어 있을 따름
마음의 등불을 높게 걸면 찾을 수 있을 거예요
잠깐, 지금 뭐라고 질문했어요
당신의 정체가 뭐냐고, 그게 무슨 말씀이세요

고양이 탐정인가
아니면
선방 수좌首座인가?

집사람

백년해로하다 상처하고
먼 길을 돌아온 노인
그에게 위로와 함께 향후 거처를 질문했다

글쎄, 아내가 없으니 마땅히 돌아가야 할 집도 없구려
그동안 아내가 살고 있는 집을 우리집이라고 불렀는데
이제 우리집이 없어졌어요
자기 부인을 보고 왜 집사람이라고 부르는 지
마누라 잃고서야 그 이유를 알게 되었구려

집사람 잃은 노인
집까지 잃다

유자농원에서

농부
하늘로 치솟은 우듬지의 수직 줄기를 자른다
나뭇가지들을 끌어내리면서 수평으로 눕힌다
하늘보다 땅과 가깝게 철사로 묶는다

농부는 말 한다
키만 크거나
수직으로 뻗은 가지는 열매를 맺지 않아요
덩치를 키우지 않고
그것도 옆으로 뻗어야
튼실한 열매를 만들거든요

키만 크려했던 젊은 날의 부끄러움을 안고
나는 키 낮은 가지의 노란 열매 옆에서
허리를 숙인다

교통신호등

히말라야 산자락에 숨어 있는 조그마한 왕국
국법에 숲 보호가 최우선이라고 강조한 나라
그래서 터널도 없고 직선 고속도로도 없는 나라
외국인 관광객 몰려오는 것도 그렇게 좋아하지 않는 나라
그래도 자동차 숫자는 자꾸 늘고
교통사고라는 기이한 말도 나오니
할 수 없이 수도 한복판 교차로에 신호등을 세운 나라
부탄 유일의 교통신호등
가시오
서시오

부탄 주민들은 참을 수 없어 항의 한다
저 괴물은 무엇이냐?
그래도 사람인데 어찌 기계가
서라면 서고
가라면 갈 수 있느냐?

결국 철거된 신호등

나는 사거리 신호등 자리에 서서
원주민들에게 고개 숙여 절을 한다

색채론

무지개 빛깔을 모두 합치면 하양
빛은 섞으면 섞을수록 하얗게 되는데
사람이 만든 물감은 왜 그럴까
섞으면 섞을수록 까망

까망과 하양의 무채색은 그렇다치고
오방색 살펴보니
빨강, 파랑, 노랑
ㅇ(이응) 돌림
무지개의 보라는 오방색 아니어서 보랑 아니네

분단으로 파랗게 질린 산천
짙은 원색 질펀한 정색正色의 나라라고 주장하면
새빨간 거짓말 될까

붓을 던지니
비로소 나의 색깔이 움트기 시작 하네
푸르스름한 새싹은 비껴가고
붉그죽죽 해는 기울어 가는데

인왕산 산불

1
큰일 났다
인왕산에 불이 났다
파란 이파리보다 먼저 나온 붉은 꽃들
이제 순서도 지키지 않고 막무가내 산자락을 물들였다
매화, 진달래, 개나리, 벚꽃, 목련 등
봄꽃들 불 붙었다

2
인왕산에 진짜 불이 났다
극성스런 봄꽃자리 뒤엎고
하얀 연기 검은 연기 마구 뿜더니
마침내 붉은 화염까지 하늘로 치솟았다
두서없는 봄꽃 야단치러
영험하다는 산에 화마대왕火魔大王 납시었다

큰일 났다
인왕산에 진짜 불이 났다

주먹에서 손바닥까지

이 세상에 처음 나올 때
한 일은
두 주먹 불끈 쥐고
힘차게 울어젖힌 것
누가 가르쳐 주지도 않았는데
온몸으로 울어젖힌 그것

빈손을 채우고자
허리가 휘도록 평생 헤매고 다녔지만
늘 허기진 욕망 지우지 못하고
낡아버린 푸대자루 하나

세상 떠나는 날
주먹 쥘 힘조차 없어
손바닥을 펼쳐들고 증명하는 무소유
내 평생 헤매고 다닌 것이 겨우
움켜쥔 주먹 슬그머니 내려놓고 펼치기 위함인가
애초 유일하게 가지고 태어난 울음조차
직접 챙기지 못하고

타인에게 맡기면서

(그런데 너는 뭐 잘났다고
그렇게 설쳐대며 오두방정을 떨고 있는 것이냐
오른손, 이 놈아!
왼손바닥, 네 놈도!)

가을 독경

1
소나기 지나간
가을 밤

육조단경六祖檀經을 읽다가
누군가의 시선을 느끼다가

서재 벽에 기대서 있는
귀뚜라미 한 마리
마주친 시선의
가벼운 목례

2
경을 읽다가
귀뚜라미를 보다가

잠시 한눈을 팔았더니
부끄러움을 타는지 어딘가로 숨어버렸네

주인 대신 독경하는
그 목소리만
가을밤을 톱질한다

3
깃발이 바람에 흔들리는 것인가
바람이 깃발에 흔들리는 것인가
깃발도 아니고
바람도 아니고
마음이 흔들리는 것인가

귀뚜라미야
그대는 어느 쪽인가
밤새 울어대니

어떤 사과

빅 애플로 불려지는 뉴욕에서
아침 끼니를 위한 사과를 고른다
아메리카의 사과는 너무 맛이 없어
바다 건너 온 사과를 고른다

사과에 대하여 잘 안다고 생각하며
역사를 흔들었다는 사과를 생각하며
한 입 베어문다

세 개의 사과
인류의 역사를 바꾸었다는
아담과 이브의 사과
만유인력을 낳게 한
뉴턴의 사과
나의 책상에 모셔져 있는
애플컴퓨터의 사과

한 입 베어 문 사과
겉은 멀쩡해도 속이 썩어 있다

썩은 사과 한 개에 분노하는
그렇고 그런 날의 아침

애플컴퓨터 앞에 초라하게 뒹굴고 있는
한 입 물어뜯긴 사과 하나
거기에 겹쳐지는 나의 얼굴
속이 곪은 사과 하나

억새풀

바람이 바람이라고 하면 바람이 아니다
바람이 물이라고 하면 물이고
물이 불이라고 하면 불이다
불이 땅이라고 하면 땅이고
땅이 지리산 억새풀이라고 하면 억새풀이다
억새풀이 당신이라고 하면
당신은 억새풀이다
당신이 나에게 억새풀이라고 하면
나도 억새풀이다

나는 오늘도 산마루에서 바람과 어울리며
흔들리고 있는 나의 모습을 본다
비록 시차時差를 두더라도
우리들은 함께 가는 바람
바람의 넋이다

꽃을 땅에 묻다

내 친구 꼽추
그는 침침한 지하실에서 꽃을 즐겨 그렸지
화려한 생화는 아니고
그렇다고 조화도 아닌

그가 즐겨 그린 것은
더 이상 변할 것도 없어
더 이상 상처받을 일도 없는
시들어 버린 꽃

화려한 꽃들 사이에서
시들어 버린 한 생애가 외롭게 뒹굴고 있다
나는 시든 꽃을 땅에 묻는다

빛바랜 꼽추 한 송이를 땅에 묻으며
이제부터 꽃다발은 만들지 않기로 한다
더 이상 시든 꽃을
땅에 묻고 싶지 않다

별 헤는 밤
 - 배종헌의 설치작품에 대한 주석

여보게
나이가 든다는 것은 하늘의 별을 잃는다는 것인가
어렸을 때 보았던 그 많고도 많았던 별들
지금은 다 어디로 갔단 말인가

여보게
오늘 빌딩 숲을 걷다가 발걸음 멈추었네
어허, 별들의 숲
언제부터 하늘의 별들이 지상으로 내려와
도시를 가득 채우고 있었던가
별이 촘촘히 박혀 있는 거리의 상표들
LG TV 화면을 힐끗 보면서
롯데리아를 지나고
스타벅스를 지나고
오리온 과자를 먹고
칠성사이다를 마시고
반짝이는 운동화를 신고
은행과 투자회사를 지나

질주하는 벤츠 곁에서
삼성 스마트 폰을 들여다보고

여보게
사라졌던 별들이 도시로 내려와
어린 날의 꿈조차 앗아가 버렸는데
우리는 어디로 가야 좋단 말인가

이제 도시의 거리에서 대낮에도 짓밟히고 있는
별 헤는 밤!

페이지 터너를 위하여

1
똑같이 무대 위에 올라도
조명 받는 주인공 뒤에
있는 듯 없는 듯
다소곳한 그림자

건반 두드리는 속도와 함께
악보를 넘겨주는
수준급 내조

청중석의 박수갈채와
주인공의 화려한 답례 속에서도
장내의 유일한 목석

슬며시 내려가야 하는 무대
이름조차 필요 없다

2
그림자를 위하여 박수를 친다

나도 그대를 위하여
갈채 숱하게 만들어주고
조용히 내려가고 싶다
한세상 뒤로 하며

파도야, 미안하다

빙하야, 미안하다
만년설아, 미안하다
너희들을 열 받게 하여 미안
미안하다
온몸을 문드러지게 하며
눈물천지를 만들게 하여 미안하다
빙하와 만년설이 녹아내리는 만큼
뚱뚱해지는 너 바다야, 미안하다
덩치가 커질수록 노동량도 많아져
힘들어 하는 파도, 너에게도 미안하구나
수위가 높아질수록
작은 섬은 무지막지 삼켜야 하는
불쌍한 파도야
다이어트 시대에 너의 비만증을 보며
할 말을 잃는구나

정말 미안하다
파도야

인왕산 보름달

정월 대보름이라 하여
보름달을 좀 더 가까이 보려고 산에 올랐다
자하문 언덕에서 산성을 따라 올라가다 되돌아보니
달은 백악산에 슬그머니 걸려 있었다

인왕산 오르는 동안 달은 계속 따라 왔지만
오늘따라 왜소한데다 맑지도 않았다
거대한 바위산 정상에 올라서니
저 아래 겉만 그럴듯하게 차린 서울
그 욕망의 불야성이 찬란했다

지상의 명멸하는 불빛에 눈이 시려
밤하늘을 쳐다보니 별 하나 보이지 않고
달은 겨우 만월 흉내만 내고 있었다

인왕산 정상에서
보름달에게 소원을 빌어보기는커녕
오히려 풀죽은 달 걱정이나 해야 할
정월 대보름이었다

연습

본인 사망
동창회에서 보낸 부고訃告
친구 하나가 또 이승을 떠났다

동창회 명부를 보고 깜짝 놀란 적이 있다
현주소 칸에 사망이란 표기가 너무 많았기 때문이다
우리들은 현주소의 칸을 비우기 위해
이 세상을 살고 있는가 보다
언젠가 본인이 만들어 띄울 마지막 사연
본인 사망

나에게 몇 가지의 생활철학이란 것이 있다면
낚시질하지 않기, 바둑두지 않기, 골프치지 않기
결혼식에 가지 않기
결혼식이야말로 집안끼리 오붓하게 해야 하는 것 아닌가
대신 장례식에는 자주 간다
이승을 떠나는 마지막 길
작별인사라도 부지런히 해야 할 것 아닌가
언젠가 나도 따라가야 할 길

연습은 부지런히 할수록 좋은 것
오늘도 나는 가슴속에서 살짝 꺼내 들여다본다
본인 사망

허허, 장례식조차 번거롭다
뜰 아래 붉은 꽃 피어 있으면
그것이 축복의 조화弔花로다

솔방울 사태

1
해금강을 철책 옆으로 세워 놓고
가볍게 솟아오른 고성의 해맞이 봉우리
아침마다 바다 속에서
붉은 해 하나씩 꺼내 올리며
소식을 기다리다
홧병이 났나
산불을 끌고 와 해변의 소나무 숲을 태워버렸다

2
불 회오리 맞은 금강송
갈기갈기 찢긴 피부의 깊은 상처 보듬고
이젠 파도소리조차 너무 아파
임종을 서두른다

내세를 기약하려는가
평소보다 배도 넘게 뽑아 올린
주렁주렁 방울들
북방한계선 내려다보고 있는

에미의 한숨을 담은 씨앗주머니들

솔방울 사태!

파도가 품어 키우는 내일의 해
죽는 것은 또 다시 태어나는 것인가
새로운 태양이 솟아오른다
거대한 솔방울
내 가랑이 사이의

살아남은 것들은 왜 온몸이 상처투성이일까

이 무슨 호사인가
주말 단양에서 팔경八景 미인들을 끼고 뱃놀이하다니

쭉쭉 뻗은 키
빵빵한 몸매
수려한 산 능선은 병풍 둘러 호수를 만들고
제 모습을 수면에 비쳐 본다
(예쁜 것들은 왜 그렇게 거울만 꺼내려 할까)

미인은 손 타기 십상인가
이 놈 저 놈 찝쩍거리더니
머리부터 통째로 떨어져나가고
허리가 두 동강 나거나
구멍만 더욱 깊게 후벼 파헤쳐진다
(살아 남은 것들은 왜 온 몸이 상처투성이일까)
석회암지대라 하여 신바람 난 시멘트 사내들
오늘도 칼을 들고 난도질한다

팔경을 음미하겠다고 주말 단양에 왔다가

불현듯 만난 중환자실 미인들의 상처 받은 나신裸身
미인박명美人薄命이라고 쓴 만장을 쳐들고서
조문 연습을 한다

제 3부

영혼의 무게

밥상 물리는 재미

　대학원생들이 실기실 앞 잔디밭으로 초청을 했다
　어둠과 함께 장작불은 타오르고 삼겹살 익는 내음 캠퍼스를 흔든다
　스승의 날이라고 졸업생들도 여럿 보인다
　내가 얼른 알아보지 못한 여학생 하나, 짙은 화장 앞세우고 인사를 한다.

　이제 시집가도 될 만큼 숙녀가 되었구나!
　그렇지 않아도 얼마 전 결혼했어요
　그래! 축하한다 신혼 재미가 어떻드냐?
　저어, 한마디로 신랑하고 밥 먹다가 눈빛만 마주쳐도 밥상 물리는 재미, 바로 그거예요
　뭐, 밥상 물리는 재미?

　얼굴빛조차 바꾸지 않고 말하는 새색씨
　그 옆의 장작불만 대신 붉게 타오른다
　나는 삼겹살 들었던 젓가락 내려놓고 죄 없는 불씨만 들쑤신다.
　목 마른 장작들 시뻘겋게 타오르는 봄밤이다.

강남 스타일

1
미망인이라는 말을 왜 그렇게 가슴에 모시고 사세요
아직 죽지 않고 살아 있는 사람이란 뜻
뭐가 그렇게 좋으세요
남편 따라 죽지 않고 살아 있다는 것
그렇게 부끄럽나요

젊은 나이의 청상靑孀
아니, 두 귀는 왜 잘랐어요
재혼하라는 말을 듣고 그랬는가요
정말 잘 생각해 보세요, 나이도 어린데
아니, 코는 왜 잘랐어요
주변에서 재혼하라 재촉했다고 그랬는가요*

오, 열녀
스스로 코를 잘라버린

2
강남 성형외과는 만원사례

여학생부터 아줌마까지
아니 외국인 관광객까지

열녀 자리 지키려고 귀와 코를 잘라 버렸던 시절 어디로 가고
열녀의 후예들 이제 미화공사에 거금을 투자하는구나
거리를 가득 채운 같은 공장의 조화造花제품들

콧대 높여주니
얼굴 더 높게 쳐드네
열 번 시집가도 좋겠다는 듯
아, 좋구나
아가씨는 강남 스타일
아줌마도 강남 스타일

* 출전 : 『삼강행실도』의 영녀절이슈女截耳

나체와 갑옷

이 세상에 나올 때 아무것도 걸친 것 없었네. 알몸으로 태어났기에 벌거벗고 다니는 것은 자연스러운 일. 성기를 내놓고 다녀도 부끄러운 일이 아니네. 벌거벗고도 수치심을 느끼지 않는 것은 그것으로 아무런 죄를 저지르지 않았기 때문. 같은 몸에 붙어 있는 손이나 성기나 무에 다르단 말인가. 몸의 일부분으로 죄를 범하거나 성적 쾌락에 빠지기에 그것을 부끄러워하여 옷으로 가리는 것 아닌가. 남에게 손가락을 보이는 것이나 성기를 보이는 것이나 도대체 무엇이 다르단 말인가.

인도의 나체 수행자 이야기입니다만. 이런 이야기를 오래 묵은 마르코 폴로의 육성으로 확인하니 참으로 묘한 기분이 듭니다. 서양 땅에 동양의 현장을 처음으로 알렸다는 기록에 이 같은 이야기가 있다는 것 참으로 놀랍기도 합니다. 인도의 수행자들은 말하더군요. 알몸으로 태어났기에 벌거벗고 사는 것은 지극히 자연스러운 일. 얼굴이나 손이나 죄를 짓지 않은 잠지나 남에게 보이기는 다 마찬가지. 이런 생각도 가상하지만 그런 생각을 실천할 수 있다는 그것이 더욱 감동을 자아냅니다.

세상에는 옷가게가 너무나 많습니다. 사람들은 너무나도 많은 옷을 가지고 있고 그 종류 또한 다양하지요. 노출을 위한 것이 없는 것도 아니지요만 날로 기이한 옷들이 거리를 메우고 있더군요. 부끄러움이 늘어가는 것만큼 옷가게도 늘어가는 것인가요. 부끄러움투성이의 육신, 이것을 가려줄 옷이 필요하다는 것. 아니 두꺼운 갑옷이 필요하다고! 당신은 갑옷 파는 곳을 알고 있는가요. 우리 함께 갈까요.

월든 호수
 - 메사추세츠 콩코드에서 헨리 데이빗 소로우를 추억하다

1
그대는 남들처럼 도시에서의 출세길 마다하고
호수가 있는 숲으로 갔구나
하버드 졸업장 버리고 뒷걸음으로 가
조그만 오두막 짓고
비바람과 함께 살았구나
구름 친구와 보낸 무소유의 2년
정말 허송세월이었을까

커다란 마음을 담기 위해 더 크게 비우는 빈 잔
호수는 마음을 담기 위한 커다란 빈 잔

2
백오십 년전의 한 선구자를 추억하며
마음의 오두막을 지으러 나선 길

호수로 가는 숲길
갑작스럽게 웬 교통체증인가

소로우를 흠모하는 순례자들이 그렇게 많았던가
들꽃의 삶을 희망하는 사람들이 그렇게 많았던가
교통순경의 안내로 가까스로 주차하고
행렬의 뒤를 따라가니
병풍 숲 치맛자락으로 둘러놓고
숨어 있던 호수가 한눈으로 와락 안겨든다

웬일인가
숲의 푸르른 나무만큼
호수를 가득 메운
쭉쭉빵빵과 비계덩어리의 알몸들
호수는 공중목욕탕처럼 소란스럽다
백인들의 피서지가 되어

소로우가 살았던 오두막을 폐허로 남기고
숲은 목하 묵언默言 수행중
차라리 다행인가
마음의 때라도 씻어볼까
가족을 이끌고 나섰던 월든 호수
세심洗心은커녕 세수조차 하지 못하고
돌아서야 했던
환락의 수영장

나는 여름 지도를 꺼내
월든 호수를 지운다

반얀나무의 말씀

1. 반얀은 서커스를 좋아했습니다

  플로리다에서 잠깐 살 때 우리 가족은 사라소타 바닷가의 링링미술관에 가기를 즐겼습니다. 서커스로 유명했다는 설립자의 체취는 사람들을 불러 모으고 있었습니다. 그곳에서 우리가 즐긴 것은 드넓은 정원의 이곳저곳에 둥지를 튼 반얀나무였지요. 반얀은 주인을 닮았는지 서커스를 좋아했습니다. 하늘 높게 치솟다 땅내음이 그리우면 여러 갈래의 가지들을 버드나무처럼 내려뜨리곤 했습니다. 그런데 이상도 하지요. 내려뜨린 나뭇가지는 땅속으로 파고 들어가 아예 뿌리를 내리며 굵어지기 시작하니 말입니다. 정말 서커스도 그런 서커스가 어디에 있어요. 애초 조그만 나무가 세월을 삼키면 웬만한 언덕의 반 이상을 차지할 정도로 커지니 말입니다. 정말로 이상한 나무입니다. 세상에서 가장 큰 나무도 바로 반얀이라 하지요. 오늘날도 인도 식물원에 살아 있답니다. 반얀은 참으로 놀라운 나무입니다. 서커스를 즐길 줄 아는.

  우리 가족은 플로리다 추억을 반얀나무의 뿌리처럼 대지에 깊게 내리고자 했습니다. 하지만 언제까지 뿌리내리면서 추억의 영토를 확장할 수 있을지 잘 모르겠습니다. 세월이 흐르면서 우리의 추억은 반얀과 달리 그 두께가 얇아지기 때문이지요. 아직 기억이 생생할 때 몇 자 적어 놓습니다. 그의 이름은 반얀입니다.

2. 그래, 내 이름은 반얀이다

가지가 땅에 닿으면 아예 뿌리를 내리며 덩치를 키우는 반얀이다
도대체 누가 누구보고 손가락질하는 것이냐
부동산을 마냥 확대 점유하는 것은 나의 생존전략임을

나무는 이 땅을 지키고 있는 가장 오래된 숨결
하지만 언젠가부터 우리 종족들의 존재는 기울어지기 시작했다
이 모든 위기는 너희 인간들의 욕망 때문이다
내가 제일 좋아하는 것은 문어발
이것 또한 너희들이 즐기고 있는 것 아니냐
나라고 너희들처럼 족벌체제를 마다할 이유가 없지 않은가

아직도 나의 옆구리는 간지럽다
또 하나의 가지에 뿌리가 내리려는가 보다

나는 너희들 사촌도 아닌데
왜 인상을 쓰고 그래?
너희들 정말 배 아프냐?

물잔에 담기는 달빛

우물을 판다
한 삽만큼 비워지는 땅
그만큼 채워지는 바람
(하기야 우리네 삶, 바람이 왔다가는 일이지)

우물 한 두레박 퍼올린다
보름달도 덩달아 끌려온다

친구들 잔에 물을 따른다
잔 가득히 나누어주어도
달빛은 줄어들지도
상처를 남기지도 않는다

그대 잔 속에 담긴 달빛 우물
초승달인가
(아무것도 보이지 않는다고?)
보름달인가
(아니, 우물 팔 땅만 필요하다고?)

# 개가 된 처녀의 고백

1. 멍멍, 으르렁, 멍멍멍

천만다행입니다
부모가 술주정뱅이였던 것은
나는 세 살 때 거리에 방치되는 신세가 되었지요
가까스로 기어들어간 곳
거기가 바로 개 사육장이었습니다

2. 나는 개가 되었습니다

오 년 정도 개들과 재미있게 살던 어느 날
본격적으로 나의 불행이 시작되었지요
인간에게 나의 존재가 발견되었기 때문입니다
'개들과 함께 살고 있는 소녀!'
나는 졸지에 언론의 스타가 되었고
이내 병원이다, 실험실이다, 뭐다,
끌려다니기 시작했지요
소위 인간 교육이라는 것 때문이었습니다

3. 지금 내 나이 스물세살

몸은 성숙한 처녀일지 몰라도
아직 네 발로 기어다니는 것이 편하고
짐승의 소리가 더욱 아름답습니다

멍멍, 으르렁, 멍멍멍

4. 인간이 뭐 그렇게 위대하다고

두 발로 서서 고개를 높이 쳐들라고 강요합니까
감언이설도 인간의 것
왜 그렇게 번드르르 말만 많습니까
개만도 못한 것들이 마구 설치는 인간세상에서
사람 흉내 내는 것이 두렵기만 합니다

나는 개가 더 좋습니다
멍멍, 으르렁, 멍멍멍

(* 1991년 우크라이나의 개 사육장에서 5년만에 8세 소녀를 발견한 사실이 있다. 그의 이름은 옥시나 말라야, 하지만 그는 성인이 되어서도 말을 할 줄 몰랐다. 학자들은 말한다. 5세까지 언어를 배우지 않으면 뇌의 언어습득 기능이 사라진

다고. 개가 기른 소녀, 그는 인간의 언어를 잃었지만 과연 행복지수까지 잃은 것일까. 목하 고민중이다. 멍멍멍!)

종마種馬가 되고 싶다!

밤이 깊어갈수록
흑마 이리 뛰고 백마 저리 뛰고
신나는 말 이야기, 말이 많다

1 말이 싫어하는 놈들은?

말 더듬는 놈
말 꼬리 잡고 늘어지는 놈
말 자주 바꾸어 타는 놈
말 더듬다가 딴 소리하는 놈

몽골 초원에서 만난 한 떼의 말들
늘씬하게 생긴 놈을 골라 올라타니
개선장군이 따로 없다
달릴수록 휘날리는 목덜미 뒤의 갈기
갈기는 종마에 대한 예우라 한다

2 원주민이 묻는다

종마 한 마리가 몇 마리의 암컷을 거느릴까
다다익선!
아니다, 열두 마리 정도
음, 그것도 근사하군

말의 평균수명은 삼십 년, 그렇다면 종마는?
글쎄, 꽃밭에서 산 죗값은 받아야겠지
종마의 수명은 보통 말의 꼭 절반이다
뭐, 절반!
(오, 위대한 색色! 꽃이여, 꽃밭이여!)

3 오늘밤도 강남은 불야성

꽃밭 속의 종마 흉내내려는 놈들
말 꼬리라도 잡고 말 바꾸어 타려는 놈들
그들의 요란한 기도 소리
나도 종마가 되고 싶다!
(솔직히 말해 봐, 그럼 너는?)

저 홍어 수컷이 부럽다

1
어부, 홍어를 건져 올린다
암컷이다
음, 암컷은 좋지, 좋아
부드러워서 좋고말고
씹히는 맛도 천하일품이고

당신, 왜 침부터 흘리고 그래?

어부, 홍어를 건져 올린다
수컷이다
음, 수컷은 재미없지
어부, 사타구니의 돌출부를 도려낸다
몇 푼 더 벌기 위해

2
당신, 홍어 맛을 아는가
코, 애, 날개, 속살
부위별 순서의 그 맛을

그러니 미식가에게 어떻게 거시기를 내밀겠는가
사내들은 그저 암컷이라면 사족을 쓰지 못하는데

수컷 노릇 제대로 하기도 어려운 세상
괜히 달고 나와 번거롭기만 한 물건
애욕의 근원으로 너절한 시간이나 만들려 하는

차라리 거세된 신세가 속 편하다고?
어부여, 내 좆을 잘라다오
저 홍어 수컷이 부럽다

어부, 또 다시 돌출부를 도려낸다
아, 만만한 게 홍어좆

달려라, 글로벌 빌리지 포장마차여

전라도 깊숙한 화순 골짜기
거대 리조트 뒤의 포장마차 하나
오늘밤도 마부아줌마 입담 한번 걸쭉하구나

촌구석에서 산다고 날 우습게 볼지 몰라도
우리 마을은 이래뵈도 글로벌 빌리지의 현장이라고잉
세계 여러 나라에서 시집 온 여자들로 가득하고
그 여편네들 모아 놓고 귀하신 이 몸이 왕초 노릇하며 산당께

세상에 계집이라고 다 똑같은 것은 아닌게벼
러시아년은 젖퉁이 커다란 만큼 암내 풍겨 숨 탁탁 막히게 하고잉
필리핀 아낙은 영어 몇 마디 쏼라거릴 줄 안다며 어깨에 힘주고
중국에서 온 조선족은 몽땅 도시로 줄행랑쳤당께
베트남 아가씨들만 북쩍북쩍 많은디
어린 나이에 오십대 노털들한테 시집온 거라고
조선족들은 말 통하고 얼굴 티도 나지 않는다고 도망 가뼈

리니
  사내들 다시 빚내서 처녀장가 간 경우가 많아라우
  거금을 들였다지만 색시 친정집은 별 볼 일 없고
  중간업자들만 수지맞는다는겨

  어떤 동네는 십년이 넘어도 아이 울음소리 한번 들리지 않는다지만
  우리 마을은 국제적으로 새끼 생산하기 바쁜 곳이라구
  초등학교 교실에 가보면 정말 찬란하당께
  국제도시가 따로 없어라
  농투사니들은 밭일만 잘하는 게 아니라 밤일도 잘하는게벼
  하기야 산골짜기서 밤에 뭐 할 일이 있겠어
  일찍 사내를 잃은 이년 별바라기 팔자만 한심하지
  장사라도 공치는 날은
  그렇지 않아도 넘쳐흐르는 눈물바람만 질퍽거린당께

  얼굴 모양 다른 외국 것들까지 몰려와 이리저리 설치고 있는데
  아이고, 내 팔자야
  (그래도 결론은 이렇게 끝내자고
  나에게도 희망은 있어야 하니께)
  자, 달려라, 포장마차야
  저 어둠의 사막을 뚫고 글로벌 빌리지를 향하여!

마늘밭 항의

해변도로에 서있는 안내판 하나
경치 좋은 길 끝

뭐, 경치 좋은 길 끝?
바다는 작은 둔덕으로 가려지고
이어지는 푸르른 들판
마늘밭이다

얼마 전 이웃나라에서 발표했지
장수 체질은 갈비씨보다 통통한 몸매가 유리하다
그래야 건강의 관건인 면역력 체계가 튼튼하게 된다
면역력 길러준다는 세 가지의 좋은 것

(이를 어찌 맨입으로 말해 줄 수 있겠는가
하지만 이 몸 행복국가를 위한 사명감으로 전하노니
귀 좀 빌려주실까요, 에헴)

녹차와 토마토
아니, 그것보다도 훨씬 더 좋다는 것

마늘!

곰도 마늘을 많이 먹으면
사람이 된다는 데
단군신화조차 무시한 해남 땅끝 동네의 과잉친절 안내판

바다 대신 마늘밭 나타났다고
뭐, 경치 좋은 길 끝

너 정말 죽고 싶으냐?

실버 모델

- 요즘 어떻게 지내세요
- 무대에 오르면서 잘 지내고 있어요
- 무대, 웬 무대?
- 실버 패션모델이 되어 활동하고 있어요
- 패션모델? 할머니 모델도 있습니까
- 그럼요. 할머니라고 옷을 입지 않는가요
- 아, 그렇군요
- 어렸을 때 예쁜 옷 입은 아이들을 보면 무척 부러웠거든요

  요즘 모델 되어 예쁜 옷 마음대로 입어 너무 행복하답니다
- 모델은 남의 옷만 입는 거잖아요
- 그래도 예쁜 옷 실컷 입어보는 재미가 어디인데요
- 아, 네
- 할아버지 모델도 필요한데 같이 가실래요?

회색 그림 속의 가난했던 소녀
할머니 모델 되어 예쁜 옷 실컷 입고 있다는
박수근 그림 속의 어린 딸

여자들 등쳐먹기

어떤 행사의 뒤풀이 자리
화장발 짙은 중년여성이 부러운 듯 말을 건넨다

 - 어쩜 피부가 그렇게 고우세요
   무슨 비결이라도 있나요
 - 아, 네, 비결? 비결이 있다면 있지요
 - 비결이 뭔데요
 - 아니, 비결을 어떻게 맨입으로 가르쳐 줄 수 있습니까
 - 그럼 어떻게 할까요
 - 한 잔 사야지요

피부 관리에 혈안이 된 여자들 덕분에 질펀하게 벌어진 술판
왜 술을 마시고 있는지조차 잊고
계속 술병을 비우고 있자니
더 이상 참을 수 없었던 여자가 재촉 한다

 - 비결은요?
 - 아, 네, 지금 온몸으로 가르쳐주고 있잖아요
 - 아니, 뭐라고요?

- 비결은 마음 비우는 거예요
  술병 비우듯 마음을 비워라
- 아니, 세상에 그런 비결이 어디에 있어요
- 그럼 구체적으로 말 할께요
  껍데기가 그렇게 중요하다면
  알콜로 열심히 소독하라, 이 말입니다
- 뭐, 알콜 소독?

나는 오늘도 여자들을 등쳐먹었다
ㅎㅎㅎ

백의민족, 좋아하고 있네

1
'yellow'를 어떻게 번역할까
노랑? 그렇지, 노랗다
누렇다, 노르끄레하다, 누리끼리하다, 노르스름하다, 누르퉁퉁하다…
색깔 단어도 풍요로운 모국어, 자랑스럽구나
단청 색깔만큼 알록달록 화려하구나

2
강당을 가득 메운 청중을 향하여
제일 좋아하는 색깔을 말해보라, 부탁하니
한결같이 엉뚱한 색깔만 댄다
백색은 어디로 갔는가
교과서는 백색 숭상 민족이라고 분명히 일렀거늘

하루종일 종로거리를 다녔지만
하얀 옷 입은 사람 보기조차 어렵구나

3
한국인의 색채 선호조사 결과를 본 적 있다
오늘날 한국인이 제일 좋아하는 색깔은 백색이 아니었다
정답은 청색
아, 파랑

'blue'를 우리말로 어떻게 번역할까
파랑
그렇다면 'green'은?
음, 초록색
아하, 초록은 한자말
순수 우리말의 'green'은 어디로 갔을까
녹색혁명 같은 것과는 처음부터 담쌓기를 원했는가
'blue'와 'green'
어찌하여 우리말에는 구별되어 있지 않을까

하늘, 바다, 산, 그리고 나무와 풀들
몽땅 파랗다, 파랑
생명의 색깔이라고 침 튀기면서 말하는 사람도 없지 않지만

한국인은 파랑색을 제일 좋아한다(고 주장한다)
그렇다면 오늘의 세계인은?

일본사람이 세계의 민족 색채 선호조사를 했다
정답은 파랑
오늘날 세계인은 파랑색을 제일 좋아한다
그래서 한국도 국제무대의 당당한 일원?
그렇다고 세상의 초록은 동색, 천만의 말씀이다
겉으로는 동색 운운할지 몰라도 속으론 칼날을 갈고 있지 않은가
그게 국제 관계?

4
나는 하얀 옷을 벗는다
순수하다 어쩌구, 소박하다 저쩌구
백색 위에 먹물만 들어붓는 이 욕망의 거리에서
백의민족이라는 말
그 호들갑이 부끄러워 하얀 옷을 찢는다

홍, 백의민족, 좋아하고 있네!

이 어린 양, 한 말씀 여쭙고자하옵니다

전하
인간들의 일이란 것이 이런 것입니까
벗겨지기만 하는 우리 가족의 가죽
날로 산을 이루고
피바다 물결쳐서 참담하기 그지없습니다
몇 마디 기록을 남기기 위해
끝없이 벗겨져야만 하는 양피지
너무 하옵니다
성경 한 권을 옮겨 쓰는 데
우리 같은 양 5백 마리가 필요하다니
이것이 진정 인간의 일입니까

전하
저 동방의 어느 나라에서는
종이라는 것을 만들어
책도 인쇄하고 그림도 그린다하옵니다
 듣자하니 그 종이를 만든 채륜의 직업은 환관宦官이라고 합디다만
 거세된 그 사내의 밤은 얼마나 길었겠습니까

그 길고도 긴 외로운 밤이 마침내 제지술을 완성했나 봅니다

전하
동방의 제지술을 배우기 위해
앞으로 천년 정도는 더 기다려야 하는 우리 서방세계입니까
아니, 아니되옵니다
아무쪼록 거세된 사내들을 즐비하게 만들어
그들로 하여금 한 많은 밤을 가득 안게하옵소서

전하
이 어린 양, 다시 한번 여쭙고자 합니다
양피지는 종이가 아닙니다
오늘부터 양 가죽 대신 유능한 사내들의 불알을 까 주옵소서
통촉하시옵소서

영혼의 무게

어떤 의사가 초정밀 저울을 만들어
임종 전후의 사람 무게를 쟀다나 어쨌대나
(세상에 그렇게 할 일 없는 의사도 다 있었네)

숨을 거두게 되면 빠져나가게 될 영혼의 무게가 궁금했다나
아니, 영혼에 무게가 있기나 한가
놀랍게도 임종 직후 빠져나가는 무게가 저울 눈금에 잡혔다는 데
그것도 사람마다 같은 눈금을 보였다는데
(뭐, 정말!)

오오, 21g
그것은 영혼의 무게

동전 서너 개의 무게에 불과한 것
그깐 서푼짜리 무게에 찌들어
한 평생 찧고 까불면서 난리법석을 피웠단 말인가

살기 힘들다고 길게 내뱉은 한숨
아마 21g쯤 될까
세상 재미 없다면서 펼쳤던 신문지를 구겨버렸는데
나와 무슨 상관이냐고 이웃의 사건을 무시했는데
21g보다 무거운 신문지, 그것을 버렸는데
(아이쿠, 이제 나는 죽었다, 꾀꼬리)

그렇듯 가벼운 영혼의 무게에 무엇을 담겠냐고

왜 여자들이 더 오래 살까

친구야
왜 여자들이 남자보다 더 오래 살까
그야 여자들은 남자처럼 사회활동을 하지 않으니까
그만큼 스트레스가 쌓이지 않아서 그렇겠지
언제 여자들이 깡소주 퍼마시면서 울부짖는 것 봤냐고

아니, 그래도 여자들은 출산하면서 뼈마디가 다 풀릴 정도로
지옥 구경 갔다 오잖아
게다가 시집살이는 어떻고

그런데도 왜 여자들이 남자보다 평균수명이 길은 거야
어떤 학자가 연구했다네*
여자가 남자보다 오래 사는 이유는 아이를 기른다는 것
뭐? 아이 기르는 게 왜 장수의 비결인가
동물들도 수컷보다 암컷이 더 오래 산다네
육아라는 의미는 나를 희생한다는 것
보살피는 정신이 결국 불로장생약이라는 거지
유식한 말로 옥시토신이나 오피오드 같은

사랑의 호르몬 덕분에 수명이 길어진다는 걸세

아직도 알아듣지 못 했는가
저 남미에 가면 티티 원숭이라는 종족이 있지
그런데 이 원숭이들만 예외적으로 수컷이 더 오래 산다는 거야
왜 그런지 알아
암컷은 출산만하고 육아는 수컷이 맡는다는 거지
아이 기르기는 이타주의
희생이 장수의 비결이라는 거야
뭐, 느끼는 바 없어?

야, 친구야
좋은 기회 다 놓쳐버렸으니 이 늘그막에 어쩌면 좋단 말이냐
그동안 몸보신에 좋다는 스테미나 식품은 다 먹어봤는데
뭐 효과가 있어야지
에이, 안 되겠다
어디 가서 참한 소실이나 하나 봐야겠다
새끼 하나 만들어 직접 길러봐야겠다
장수 비결이라는 데 무슨 짓은 못하겠느냐

소실아

어디 있느냐

* 슈테판 클라인, 『이타주의자가 지배한다』 참조.

세계의 근원

누워있는 젊은 여자
가랑이를 쫙 벌리고 있다
아무 것도 걸치지 않고
오, 맙소사

천사를 보여주면 천사를 그리겠다던 화가
구스타브 쿠르베
그는 1866년 여체의 옥문을 확대해서 그렸다
지극히 도발적인 그림이다
제목을 세계의 근원이라고 했다
음, 세계의 근원

미술평론가 다니엘 아라스는 저서의 첫 머리에서
자신이 특히 좋아하는 그림은
세계의 근원이라고 힘 주어 말했다
오, 이 얼마나 아름다운 고백인가

그곳에서 세상 구경하러 나오고도
그곳에서 생애를 소진시키고도

근원조차 모르는 놈
특별히 좋아한다고 말 한마디도 하지 못하는 놈
불쌍한 놈
결국 세계의 근원은커녕
제 근원조차 모르는 놈
쿠르베 그림을 백배쯤 확대해서 침실에 걸어줘도
까만 숲속에서 헤매다 비명횡사할 놈
그것도 순직이라고 우길 놈
어디서 왔다가 어디로 가는지
뭣도 모르는 놈

쿠르베의 그림만 불쌍하다
무슨 근원이라고?

조선백자 사설私說

1. 슬픔의 강여울

나리, 차라리 죽여 주시옵소서. 배가 고파 더 이상 일을 못 하겠습니다. 우리가 만든 커다란 항아리에 우리의 눈물바다를 다 담을 수도 없습니다. 정말이지 이제는 눈물로도 하얀 조선 하늘의 빛깔을 빚어내지 못합니다. 수년간의 흉년은 우리 사기장沙器匠들을 굶어 죽게 하고 있습니다. 세상에 가마에서 아사餓死라는 말이 있을 수나 있나요. 하늘도 나랏님도 모두 무심하옵니다. 게다가 하늘까지 노란색으로 바뀌니 어찌 백자에 색깔을 올릴 수 있겠습니까. 저승 갈 때 기운이 없어 작은 백자 항아리 하나라도 들고 갈 수 있을지 모르겠습니다. 삭을 대로 삭은 뼈와 살, 그 골호骨壺 하나에 다 추스르고도 남겠지만요. 우리들의 한숨을 품어 준 우촌강의 여울도 한 움큼 퍼 가야지요. 손에 든 것이라고는 밤하늘의 별빛밖에 없는 우리 사기장들. 무엇을 더 담을 수 있겠습니까. 가슴속 깊이 흐르는 슬픔의 강여울을 빼고는.

2. 소인은 도관陶棺입니다

 나리, 사옹원司饔院 나리, 차라리 죽여 주시옵소서. 사는 것이 죽는 것보다 나을 것 없습니다. 언제 우리들이 사람 대접해 달라고 했습니까. 소인들의 억울한 일, 그 어찌 입으로 다 옮길 수 있겠습니까. 나리가 제일 싫어하는 도망장인逃亡匠人이란 말 괜히 나오는 거 아니지요. 배고프다고 농사를 지을 수 있나요, 딴 동네로 이사를 갈 수 있나요. 부역에 끌려 나온 마누라와 새끼들의 달라붙은 뱃가죽만 더 불쌍합니다. 우리 분원 마을에 아침 해는 무엇 때문에 매일같이 떠오른답니까. 떠오르는 해가 그렇게 미울 수 없습니다. 그런데 하명하시는 진상자기進上磁器의 숫자는 왜 그렇게 늘어만 가나요. 춘추로 배를 띄워 구중궁궐로 만여 점을 만들어 올려도 항상 부족하다고만 나무라시니, 그 자기들은 한양 가는 길에 어느 하늘로 날아가나요. 아니면 원앙 연적硯滴이 날개라도 펴서 우리들의 한을 안고 다른 세상으로 날아가는가요. 오늘도 마지막 숨결을 담는 것처럼 빈 항아리를 어루만집니다. 기울어져 가는 밤하늘의 그 차가운 보름달을 거기에 가득히 채우고 있습니다. 나리에게는 술병일지 몰라도 소인들에게는 제 몸 저 세상으로 싣고 갈 도관陶棺이랍니다.

3. 사기장의 눈물방울

나리, 차라리 소인을 묻어 주시옵소서. 소인이 새끼를 죽였습지요. 부황 뜬 몰골의 마누라가 낳은 핏덩어리, 하필이면 아들놈입니까. 한숨과 함께 그 핏덩이를 엎어 저 세상으로 먼저 보내버렸지요. 고슴도치도 제 새끼를 함함한다 하지 않습니까. 세상에 제 새끼 귀엽지 않은 부모가 어디 있답디까. 그런데 이런 법이 세상천지 어디에 있습니까. 사기장의 아들은 다른 일에 종사할 수 없다니요. 이 비참한 그릇쟁이의 삶, 제 새끼에게까지 계속 전해주란 말입니까. 사기장으로 사니 저 세상에 먼저 가는 것이 행복합니다. 소인도 새끼 따라 저 세상으로 빨리 가고만 싶습니다. 조선 백자는 사기장의 눈물방울. 애비의 한을 담은 백자 항아리, 새끼들에게까지 물려 줄 수는 없습니다. 나리, 차라리 소인을 묻어 주시옵소서.

4. 경매를 시작합니다

우리 경매회사를 사랑하시는 미술 애호가 여러분, 감사 정말 감사합니다. 자, 이제부터는 조선 백자 차례입니다. 하얀 백설의 눈을 닮은 우리 조선의 도공이 그 순진무구한 혼을 어려 담은 백자입니다. 바로 세계적인 명품 우리의 자랑스러운 백자이지요. 이쪽은 왕실에서 사용했던 최상급품 진상자기이고 저쪽은 양반들이 사용했던 백자입니다. 이런 백자 항아리를 어루만지며 양반네들은 여인네의 뽀얀 젖가슴을 생각했을지 모릅니다. 허리의 곡선이 참 곱지요. 게다가 때깔은 어떻구요. 아름답기 그지없는 월궁항아月宮姮娥의 자태입니다. 아무리 예찬을 해도 부족함이 없을 최상의 예술품들이지요. 옛 예술가들이 자연을 벗 삼아 음풍농월로 만든 여유의 결정체라고 할 수 있습니다.

 자, 그럼 시작해 볼까요. 우선 달항아리부터 올리겠습니다. 경매의 시작가격은 5천만 원부터입니다. 네, 6천, 7천, 8천, 9천, 네, 좋습니다. 그럼 1억, 2억, 3억, 더 좋습니다. 그럼 10억, 20억, 30억, 정말 오늘은 안목이 높은 손님들만 오신 것 같군요. 투자도 하시고 감상도 하시고, 정말 세계적 자랑거리인 우리 조선 백자의 얼 빛나는군요. 이 백자의 주인은 누구입니까. 그럼 다시 계속할까요.

돈황에서 개에 물리다

고비사막이 땡볕에 익고 있다
기련산맥의 새까만 주름도 땡볕 탓이다
끝이 보이지 않는 황량한 사막

나, 사막을 헤매다
맨발로 걸어본다
물 한 방울의 소중함을 몸으로 느껴본다
어쩌다 만나는 야생 낙타들
또 그들의 식사임에도 불구하고 드세기만 한 낙타초駱駝草
황량함 속의 화원이다

막고굴莫高窟을 뒤로하고
유림석굴楡林石窟에 가다
멀리 만년설이 보이고
대지는 툭 꺼져 시냇물을 이루었다
하여 석굴사원을 키웠다

사막에 핀 꽃
그것은 벽화

유림석굴 제25호굴의 장관
미륵변상彌勒變相에 취하고
미타변상彌陀變相에 취하고
비천飛天은 더욱 아름답게 날고
사자탈을 쓴 자 더욱 용맹스럽고

벽화에 취했다가 시간이 너무 지체되어
황급히 뛰어 나온 제25호굴
갑자기 정강이에 통증이 온다
나는 카메라를 날리며 낭떠러지 아래로 굴러떨어졌다
사람들이 몰려온다
경비견이 물었다 한다
바지에서 피가 죽죽 흐른다
얼마 전에도 외국인이 나처럼 개에 물렸다 한다
석굴 관리자들은 비싼 입장료까지 받으면서도
아무런 조처를 취하지 않아
오늘의 불상사가 반복되었다

관광객이 오지 않는 석굴에 온 것이 죄인가
당나라 벽화를 본 안복眼福을
경비견이 기념 문신文身으로 남겨 주려 했는가
평생 유림석굴을 잊지 말라고 이빨자국의 낙인을 주었다

돈황병원에서 광견병 주사를 맞다
앞으로 가는 도시마다 병원을 찾아야 한단다
돈황의 사막에서 개에게 다리를 물렸다
나를 문 개의 얼굴도 모른 채
사막에서 피를 흘려야 했다

개에 물린 그날 밤 나는 평소 꾸지도 않던 꿈을 꾸었다
꿈속에서 관음보살을 만났다
개가 되어 관음보살의 정강이를 물어뜯으니
관음보살은 오히려 자신의 살점을 내게 떼어준다
나를 물어뜯은 개는 관음보살이 되고
사막은 정토淨土가 되고

불구
- 단동丹東 압록강 단교斷橋에서

철교 위를 멀쩡하게 걸었지만
강을 건너기도 전에 발걸음을 멈춰야했다
폭격으로 끊겨진 다리
더 이상 진전이 없는 다리

전쟁은 압록강을 불구로 만들었다
반세기가 훌쩍 넘어도 아직 불치의 병인가
이국에 와서 나는 절뚝거리는 불구가 되었다

내 다리 내 놓아라
빗자루 귀신아
달걀 귀신아

건널 수 없는 강
 - 압록강 단동丹東에서 신의주를 바라봄

남의 나라 강둑에서 배에 올랐다
이내 한복판에 도달했지만
배는 더 이상 나갈 수 없었다
건너편 뚝방에선 사람들이 어슬렁거리고 있었는데
그들과 아무 것도 할 수 없었다

강물은 내편 네편 나누지 않고 정답게 흘러가고 있었지만
나는 배 머리를 되돌려야 했다

건널 수 없는 강
세상에서 가장 긴 강-폭

웃긴다

은행잎의 거리에서

서울의 광화문에서
은행잎을 줍는다

평양의 종로에서
은행잎을 줍는다

때가 되면
푸른 잎 노랗게 만들 줄 알고
또 때가 되면
땅에 떨어질 줄도 아는
우리가 안아야 할 순리順理

서울의 중심가를
평양의 중심가를
은행나무로 가로수 삼은 마음
언제 남과 북이 약속을 했던가
아니, 약속 없이도 통하는 마음

우리 언제 무거운 옷 벗고

함께 춤을 출 수 있을까
은행잎 노랗게 물든 거리에서
때가 되면 아래로 떨어질 줄도 알아야 하는

묘향산 만폭동에서

무슨 그리움이 그렇게 깊어
속으로만 타들어가 뭉쳐버렸나
검은 바위 위에 또 바위
마침내 거대한 산을 이루었네

참기만 하던 하늘눈물이라도 떨어지면
바위산은 크고 작은 폭포로 몸을 바꾸네
누구를 위한 간절한 울음인가
하나 둘 모여
만 군데

남자의 마음이
여러 갈래로 나뉘어 흐르는 계곡의 물이라면
여자의 마음은
한곳으로만 떨어지는 폭포인가

그리움으로 뭉쳐
바위는 더욱 검게 응어리지고
그대를 향한 갈증은 자꾸만 폭포를 만들려 하네

애기봉愛妓峰

언덕에 오르니 기다렸다는 듯
아늑한 풍경이 펼쳐진다
한강과 임진강이 만나
정답게 바다로 흘러가는 곳
이름도 조강祖江이라고 따로 지어 준 곳
민물과 짠물이 만나는 기수역이어서 그런지
오늘도 늠름하다

남북 대치의 현장이라 하나
그 흔한 철책선은 없고
떠다니는 배 한 척 역시 없다
강 건너 개풍군의 아담한 마을은
인기척조차 없다

분단의 한강하구에서
애기愛妓는 만날 수 없지만
조강은 내 편 네 편
편 가르지 않고
아래로
아래로만 내려가고 있다

펀치볼 소나무

적당한 능선으로 병풍 둘러쳐진
아늑한 분지
비옥한 토질인지 인삼밭 넓고
시래기 말리는 비닐하우스 참 많다

억새밭에서 북녘 산자락을 보니
능선 가까이에 기다랗게 금을 그어놓았다
접경지대의 경계선
그 너머는 갈 수 없는 땅이라 했다
(왜, 우리는 갈 수 없는 하늘을 가지고 있는가?)

양구 펀치볼
수목림을 거닐다
수양버들처럼 나뭇가지가 아래로 쳐진 소나무를 만났다
차마 하늘 보기가 부끄러웠는지
펀치볼 소나무는 오늘도 고개를 숙이고 있다
(왜, 소나무는 사람 대신 벌서고 있는가?)

플로리다의 천둥소리

웬 대포가 이렇게 많은가
갑자기 먹구름 몰고 오면서
토해내는 괴성
우르릉 쾅쾅!!!
우르릉 쾅쾅!!!
한낮의 게릴라는 자리를 이동하면서
선전포고를 한다
땅덩어리가 크면 폭격 소리도 큰 것인가

한여름의 땡볕
일일행사 시간이 늦었다
어떤 때는 장대비를 동반하지 않고서도
폭음만 내보낸다
아니 저 멀리서 섬광만 보낼 때도 있다

플로리다의 천둥소리

누가 전쟁 좋아하는 나라 아니랄까봐
하늘까지 맞장구를 치고 있는가

휴양지로 명성이 높은 곳까지
악마의 소리를 수시로 내지르게 하니

올여름에 들은 천둥소리
평생 들은 것보다 많다
자주 들으면 귀에도 익숙해지는가
휴양지의 천둥소리조차 자장가가 되고
로케트 발사 소리도 아무렇지 않게 되는가
아프카니스탄과 이라크에서 터진 포화
여기 플로리다의 천둥소리에 실려 온다

땡볕은 먹구름을 만들고
먹구름은 천둥을 만든다
천둥은 폭격소리를 만든다

아메리카 해수욕장의 나신裸身들에게
즐거운 시간을 계속 주기 위해
지구 어디에선가
폭탄이 계속 터져 주어야 한다면?

새로 개발할 무기의 신호탄인가
저 천둥소리
낙원을 지키는 나팔소리인가

자기들끼리만
즐기겠다는

코로나 바이러스에게

너
위대하구나
눈에 보이지도 않는 아주 쬐그만 미물 주제에

너
위력적이구나
세계를 공포의 도가니로 만들면서
지구촌이 한 마을로 묶여 있음을
실감나게 알려주기도 하고

나그네 주제에 주인인 듯
좌충우돌 자연을 파괴하고
도시를 세우면서
지구를 마냥 괴롭히기만한 인간족속에게
드디어 천벌을 내리는구나

현대인이랍시고 벌리는 꼬락서니
일회용품 남발하면서 자원을 낭비한 죄
빌딩숲 만들어놓고 갖가지 공해를 만들어 뿌린 죄

밤이면 밤마다 불야성 이루며 흥청망청 설쳐댄 죄
사람 탈을 쓰고 사람 값 천하게 만든 죄
이루다 헤아리기조차 어려운 죄
죄
죄

참고 또 참고 있다 화가 난 바이러스
수천만 명을 감염시키고 수십만 명을 사망시킨
아주 아주 쬐그만 바이러스
평소 대국이라고 큰 소리 치던 아메리카에게
엄청난 사망자를 내어 문제 국가로 추락하게 하고
선진 문명국가라고 뻐기던 유럽에게도 체면 구기게 하고
세상을 뒤집어엎는구나

외출할 때 제일 먼저 챙겨야 하는 마스크
뻔뻔해진 인간들에게
부끄러움을 알라고
얼굴 가리게 한 바이러스
드디어 복면 사회를 만들어주었구나

끼리끼리 모여 작당만하지 말고
사회적 거리두기를 실천하라고
탕진한 세월을 홀로 반성하라고

심하게 매질하는
코로나 바이러스

너
참 귀엽게 노는구나

들리는가, 본존상의 한 말씀
- 토함산 석굴암

나는 매일같이 떠오르는 태양을 보면서 그대들과 함께 있노라
토함산의 추위와 더위
밤과 낮 모두 끌어안고 그대들과 함께 있노라
그대들의 영욕 모두 품어 안으며
토함의 정기를 지키겠노라

나의 모습은 사실 부질없는 것
형상에 집착하지 말라고 늘 일렀거늘
하지만 아직도 미명에서 헤매고 있는 이를 위해 내 모습을 잠시 보여주겠노라
나의 모습 또한 그대들의 모습과 다를 바 없으니
다만 어둠을 가셔내어 서른두 가지의 특징을 보이게 되었지만
이 또한 무슨 대수랴
나는 그대들과 똑같노라
진리를 찾아가는 데 게으름을 피우지 말라
나의 모습은 어떻게 보이는가

연화좌에 앉아 있는 모습, 위풍도 당당한가
이목구비는 정연한가
더운 나라 인도 출신이어서 얇은 옷을 입고
오른쪽 어깨를 드러내고
왼쪽 어깨 위로 걸친 우견편단의 패션 스타일
그러다 보니 젖꼭지까지 살짝 비추게 되었구나
부드러운 옷주름과 더불어 가부좌 틀고 앉아 있는 모습
왼손은 오른쪽 발바닥 위에 올려놓고
오른손은 무릎 아래로 내려놓아
항마촉지인의 수인을 하고 있도다

그대들이여
두려움을 갖지 마라
진리가 그대들의 편일지니 무엇이 두려운가
내가 깨달음을 얻는 순간
바로 정각의 모습, 바로 이러했거니
오랜 세월 고행한 끝인지
깨달음의 순간도 별로 표가 나지 않는구나
원만 자비심의 얼굴
하지만 한없는 열락의 순간
나의 몸에 가득하구나
얼굴에는 깨달음의 순간을 진하게 보이지 않았지만
나는 깨달음의 순간을 표현하지 않은 것도 아니도다

나의 오른쪽 손가락을 주목하라
두 번째 손가락을 세 번째 손가락 위로 포개 올려놓지 않았는가
세상의 어느 불상에서도 보기 어려운 모습
깨달음의 순간을 나는 이렇게 손가락으로 표현해 놓았도다
깨달음이라
아무쪼록 그대들도 나의 깨달음을 나누어 갖기 바란다
두 개의 손가락을 포개 얹는 것
깨달음이 그렇게 먼 곳에 있는 것도 아니거늘
자, 그대를 둘러싸고 있는 어둠부터 걷어내야 하느니
오늘도 해는 동쪽 하늘에서 떠오르고 있구나

| 해설 |

예리한 언어적 통찰의 결과로만 나타날 수 있는 시원한 파격

호병탁(문학평론가)

1.

윤범모, 그는 누구나 다 아는 유명한 미술평론가다. 최근까지 '국립현대미술관 관장'을 역임하기도 했다. 그러하니 얼마나 많은 국내외 미술관과 함께 일을 했을 것인가. 마침내 그는 「바람 미술관」이라는 비탈진 언덕의 조그만 미술관과도 손을 잡고 있다.

　　바다가 보이는 비탈진 언덕에
　　미술관이라고 명패를 단 창고 같은 조그만 건물
　　안에는 진열품 하나 없다

꽉 채우지 않은 벽면의 일정한 간격
그 파격의 틈새로
햇살은 막무가내로 비집고 들어와 빗금으로 살랑거렸다

화려했다
햇살 작품

태평양 건너
제주의 억새밭 뒤흔들고 끼어든 바람
전시장을 가득 메웠다

바람을 전시하다니
바람소리를 전시하다니
세상의 소리를 보라고 전시하다니
오, 관세음觀世音

-「바람 미술관」 전문

작품은 5연으로 구성되어 있다. 넷째 연까지는 미술관 밖과 안의 정경이 묘사된다.

이 집은 "미술관이라고 명패를 단 창고 같은 조그만 건물"인데 "바다가 보이는 비탈진 언덕"에 위치하고 있다. 그런데 놀랍게도 집 "안에는 진열품 하나 없다" 미술관에 진열품이 하나도 없다면 그것은 미술관도 아니다. 아직도 미술관 명패를 달고 있는 것을 보니 예전에 작은 미술관을 하다가 지금은 텅 빈 창고 같은 건물이 되고 말았다는 것인가.

그러나 시인의 밝은 눈은 아름다운 다른 전시품을 발견한다. 벽면의 틈새로 "막무가내로 비집고 들어"온 "햇살 작품"이다. "빗금으로 살랑거"리는 그 작품은 "화려했다"

또 있다. "태평양 건너/ 제주의 억새밭 뒤흔들고 끼어든 바람"이다. 바람 역시 틈만 있으면 햇살처럼 파고드는 것이 아닌가. 그 바람은 온 "전시장을 가득" 메우고 있었다.

다섯 째 연은 이 새로운 전시품을 보는 화자 자신의 감탄과 경이에 찬 발화다.

"바람을 전시하다니" 첫 행이다. 이어 동일한 종지형 "전시하다니"를 반복하며 문장은 강도를 높여 나간다. "바람소리를 전시하다니" 둘째 행이다. '소리'라는 어휘 하나 추가되었지만 의미는 심오해진다. "세상의 소리를 보라고 전시하다니" 셋째 행이다. '소리를 보다'라는 말은 결정적으로 철학의 형이상학세계로 우리를 이끈다. 그렇다. 바람소리는 '들을 수'는 있지만 '볼 수'는 없다. 그러나 미술관의 전시물은 '보기 위해' 존재하는 것이지 '듣기 위해' 존재하는 것은 아니다. 여기는 결코 음악연주회장이 아니다. 소리를 보라고? 화자는 결국 "오, 관세음觀世音", 즉 인간의 고뇌와 고통을 구제하는 보살의 이름을 외치며 작품을 마감한다.

2.

 인용 시는 대충 위와 같이 독해된다. 그러나 작품 읽기는 이제부터인 것 같다.

 위 작품은 근간(2020)에 상재된 시집 『바람 미술관』의 표제 시로 윤범모의 작품세계의 특징을 그대로 보여주고 있는 대표작이라 할 수 있다. 한마디로 그의 글은 전체적으로 '쉽다.' 가장 큰 특징이자 미덕이다. 굳이 약간 장황하게 첨언하자면 그의 글은 시를 시답게 만드는 문학적 장치도 있고, 어떤 경전 이상의 심오한 형이상학도 있다. 있을 것 다 있고 없을 것은 하나도 없다. 그럼에도 그의 글은 여하튼 쉽다.

 시인은 그의 시에서 머리 아픈 철학적 관념어도 난해한 수사어도 견인하지 않는다. 그저 일상에서 흔히 보고 느끼는 햇빛과 바람을 대상으로 앞서 언급한 것처럼 '쉽게' 작품을 쓰고 있을 뿐이다. 그런데 놀랍게도 그의 이런 시 쓰기 스타일이 작품의 '미학적 형상화'와 큰 관련을 맺고 있다. 이런 경우 오히려 사물의 본질이 극명하게 조명되고, 독자와의 친화적 호소력 또한 배가되기 때문이다.

 이제 시인의 글쓰기가 어떻게 미학적으로 발현되고 있는지 구체적으로 살펴보자. 우선 미술관의 배경을 본다. "바다가 보이는 비탈진 언덕"이다. 아래에 바다가 있는 언덕, 그것도 가파르게 기울어져 있는 언덕이라면 이런 곳에는 아예 크고 웅장한 미술관은 질 생각조차 할 수 없는 곳이다. 그래서

인가. "창고 같은 조그만 건물"에는 단지 "미술관이라고 명패"만 달려 있을 뿐이다. 눈앞에 달려드는 듯 선연한 '심상'이다. 감각의 효과를 극대화하기 위해 사용하는 시적 요소가 심상이다. 심상이 문학적 장치로 더 발전하면 비유가 되고 상징이 된다.

언덕의 건물 "안에는 진열품 하나 없다" 그러나 "꽉 채우지 않은 벽면"의 틈새로는 "햇살"이 들어와 살랑거리고 "바람"까지 끼어들어 "전시장을 가득 메"우고 있다. 벽 여기저기 틈이 난 '낡은 건물'에 대한 강한 심상의 비유다. 여기서 주목할 점은 '햇살'이나 '바람' 같은 무생물체에 인간의 속성을 부여함으로서 — 소위 의인화시킴으로서 — 전시장 내부를 극적으로 묘사하고 있다는 점이다. 햇살은 "막무가내로 비집고" 들어오고 있다. 바람은 억새밭까지 "뒤흔들고 끼어든" 바람이다. 동사가 비유로 쓰이고 있는 경우로 얼마나 여실한 정서적 충동을 주는 이미지인가.

아름다운 소리가 가치 있는 어떤 뜻과 함께 어우러져 있다는 점에서 '시'는 '소리와 의미의 유기적 결합'이란 정의가 내려졌을 것이다. 그만큼 시에서 소리와 음악성은 중요한 비중을 차지한다. 이미 적절한 문장의 배열과 행갈이를 통해 작품은 전체적으로 음악성을 지니고 있다. 특히 다섯 째 연의 특별한 종지형 '-하다니'는 세 행에 걸쳐 반복되며 완벽한 리듬을 창출하고 있다.

그런데 '-하다니'는 용언의 어간에 붙어, 이상하거나 의심

되는 점을 되짚어 물을 때 쓰이는 종결 어미다. 즉 "바람을 전시하다니"라는 말은 전시할 수 없는 바람을 어떻게 전시하겠다는 것인지 되묻고 있는 것이다. 더구나 이어지는 "바람소리를 전시하다니"라는 말은 시인의 깊은 사유가 내재해 있는 발화다. 전시는 '보여주기' 위해 있는 것이지 '들려주기' 위해 있는 것이 아니다. 그럼에도 바람미술관에서는 "소리를 보라고" 전시하고 있다. 통렬한 '역설'이 번쩍 고개를 든다. 그러나 화자는 "세상의 소리를 보라고 전시하다니" 의문을 던지면서도 스스로 이에 대한 답은 하지 않는다. 그렇게 되면 시는 철학적 관념의 헛소리로 흐르기 쉽기 때문이다. 그저 보통 사람이 답답하면 '오, 하나님'이나 찾는 것처럼 화자 역시 "오, 관세음觀世音"이나 부르며 답을 대신하고 만다.

시는 끝이 났다. 그러나 여기에는 물결 위의 달처럼 어른대는 시인의 깊은 사유를 읽어낼 수가 있다. 인간과 인간이 만든 모든 것은 결국 언젠가는 사라질 것이다. 인간의 역사가 백만 년을 갈 것인가, 천만 년을 갈 것인가. 물론 전시되는 인간의 예술작품도 먼지가 되고 말 것이다. 그러나 확실한 것은 지구가 존속하는 한 '햇살'은 반짝이고 '바람'도 여전히 불 것이라는 사실이다. 이렇게 보면 '나'라는 인간 존재보다 자연의 객관적 실재가 우선하게 된다. 시인은 '나'조차 잊는 불가의 '무아無我적 선禪'의 경지를 응시하고 있는 것이 아닐까. 그러기에 자신도 모르게 부르는 대상도 '하나님'이 아니라 "오, 관세음"이 되는 것이 아닌가.

3.

시인은 자타가 공인하는 최고의 미술평론가다. 따라서 그의 작품에 미술에 관한 얘기가 도입되는 것은 아주 자연스럽고 당연한 일이 될 것이다. 그런데 어떤 분야의 전문 엘리트라는 지식인들은 바로 그 지식을 수용하여 진공을 유영하는 요령부득의 시를 쓰는 경우를 가끔 보게 된다. 그것도 동료 비평가의 상찬을 받아가며. 과연 최고 미술평론가의 미술에 관한 시는 어떠할까.

    누워있는 젊은 여자
    가랑이를 쫙 벌리고 있다
    아무 것도 걸치지 않고
    오, 맙소사

    천사를 보여주면 천사를 그리겠다던 화가
    구스타브 쿠르베
    그는 1866년 여체의 옥문을 확대해서 그렸다
    지극히 도발적인 그림이다
    제목을 세계의 근원이라고 했다
    음, 세계의 근원

    미술평론가 다니엘 아라스는 저서의 첫머리에서

자신이 특히 좋아하는 그림은
세계의 근원이라고 힘주어 말했다
이 얼마나 아름다운 고백인가

그곳에서 세상 구경하러 나오고도
그곳에서 생애를 소진시키고도
근원조차 모르는 놈
특별히 좋아한다고 말 한마디도 하지 못하는 놈
결국 세계의 근원은커녕
본인의 근원조차 모르는 놈
쿠르베 그림을 백배쯤 확대해서 침실에 걸어줘도
까만 숲속에서 헤매다 비명횡사할 놈
어디서 왔다가 어디로 가는지
뭣도 모르는 놈

쿠르베의 그림만 불쌍하다
무슨 근원이라고?

-「세계의 근원」 전문

 "아무 것도 걸치지" 않은 "젊은 여자"가 "누워"있다. 게다가 "가랑이"까지 "쫙 벌리고 있다" "쫙"이라는 부사어가 눈을 파고든다. 시인은 물론 모든 독자들의 입에서 "오, 맙소사"라는 탄성이 절로 터질 만하다.

작품 첫 연이다. 이 "도발적인" 정경에 약간은 당황하면서도 우리는 눈길을 뗄 수가 없다. 그렇다면 작품은 시작 부분부터 이미 성공하고 있는 셈이다. 독서할 때 우리가 실제로 처음 감지하는 것은 종이에 인쇄된 검정 글자들이다. 그러나 이 글자들은 문장구성을 통해 우리의 상상력을 작동시키고 독서에 몰입하게 한다. 이것이 제대로 되지 않으면 독자는 읽기를 그만둘 권리를 발휘하고 작품은 다시 인쇄된 종이로 돌아가고 만다.

둘째, 셋째 연에서 시인은 자신의 전문지식을 발휘한다. 그러나 전혀 어렵지 않다. 한마디로 "가랑이를 쫙 벌리고" 누워있는 젊은 여자는 1866년, '구스타브 쿠르베'가 그린 "세계의 근원"이란 제목의 작품이고, '다니엘 아라스'라는 미술평론가는 이 작품을 "힘주어" 상찬했다는 것이 전부다.

넷째 연에서 시인은 화제이자 시제가 되는 "세계의 근원"을 화두로 삼아 자신의 성찰적 사유를 피력한다. 우리는 모두 "그곳에서" 나와 "세상 구경"하며 한 "생애를 소진"시키고 있다. 물론 '그곳'은 "여체의 옥문"이다. 그러나 우리는 그곳에서 나와 일생을 살면서도 "세계의 근원은커녕/ 본인 자신의 근원조차 모르는 놈"이다. 정말 "어디서 왔다가 어디로 가는지/ 뭣도 모르는 놈"이다. 그렇다면 여기서의 '놈'은 누구를 말하는 것인가. 시인 자신일 수도, 글을 읽는 독자들이 될 수도 있다.

다섯째 연에서 시인은 "쿠르베의 그림만 불쌍하다"고 탄

식한다. 그리고 느닷없이 "무슨 근원이라고?" 물으며 작품을 마감하고 만다. 이 짧고 갑작스런 질문에는 날카로운 성찰이 담겨있다. 근원, 근원했지만 세계는커녕 제 근원조차 모르고, 어디서 왔다 가는지도 모르는 놈이 '무슨' 근원이고 자시고를 따질 수 있단 말인가.

> 비가 오나 눈이 오나 사시사철 밖에 서 있는 사내
> 신음소리 통곡소리 속으로 잠기게 하고
> 때가 되면 무조건 노래를 불러야 하는 사내
> 허우대만 그럴듯하지
> 팬티 한 장 걸치지도 못하고 울어야만 하는 사내
>
> 나는 미술관 안에 들어가지 못하고
> 밖에 서있어야만 했다
> 점점 목이 쉬어가면서
> -「벌거벗고 노래하는 사내」 부분

과천 국립현대미술관 야외전시장에 "때가 되면 무조건 노래를 불러야 하는" 벌거벗은 사내가 있다. 우리에게는 '망치질 하는 사람'으로 더 널리 알려진 '조나단 브로프스키'의 대형 설치작품 '노래하는 사람'이다. 이 작품에서 사내는 망치질 대신 아래턱을 꺼떡거리며 20년이 넘도록 노래하고 있다. "비가 오나 눈이 오나 사시사철 밖에" 선채로.

시인은 이 사내의 모습을 "허우대만 그럴듯하지/ 팬티 한 장 걸치지도 못하고 울어야만 하는 사내"라고 묘사하고 있다. '노래하는' 사내는 '울어야 하는' 사내로 바뀌었다. 시인의 연민에 찬 시선이 감지된다.

여기까지는 설치작품에 대한 묘사다. 시인은 이제 작품의 모습을 자신의 모습으로 전이시켜 바라본다. 시인도 사내처럼 미술관 안에는 들어가지도 못하고 "점점 목이 쉬어가면서" 밖에 서있다. 맞다. 야외전시장에 서있으니 물론 안에 들어갈 수는 없다. 그런데 목은 왜 쉬는가. 시도 때도 없이 노래해야하는 사내는 당연히 목이 쉴 수밖에 없다. 그러나 슬픔과 연민에 빠진 화자의 목청도 잠기고 목소리는 쉬게 마련이다. 시인은 '실존의 한계'를 보이고 있는 사내의 모습에서 바로 자기 자신을 보고 있는 것이다.

4.

1
이 세상에 처음 나올 때
한 일은
두 주먹 불끈 쥐고
힘차게 울어 젖힌 것
누가 가르쳐 주지 않았는데

온몸으로 울어 젖힌 그것

빈손을 채우고자
허리가 휘도록 평생 헤매고 다녔지만
늘 허기진 욕망 지우지 못하고
낡아 버린 육신의 푸대 자루 하나

2
세상 떠나는 날
주먹 쥘 힘조차 없어
손바닥 펼쳐 들고 증명하는 무소유
내 평생 헤매고 다닌 것이 겨우
움켜쥔 주먹 슬그머니 내려 펼쳐놓기 위함인가
애초 유일하게 가지고 태어난 울음조차
직접 챙기지 못하고
타인에게 다 맡기면서

(그런데 너는 뭐 잘났다고
그렇게 설쳐대며 오두방정을 떨고 있는 것이냐
오른손, 이놈아!
왼손바닥, 네 놈도!)

-「주먹에서 손바닥까지」 전문

「주먹에서 손바닥까지」라는 시제는 '탄생'과 '죽음'을 가리키는 절묘한 메타포다. 우리는 힘차게 울며 "주먹 불끈 쥐고" 태어난다. 그러나 "세상 떠나는 날" 우리는 "주먹 쥘 힘도 없어" '손바닥' 슬그머니 펼치고 죽는다. 이것은 어쩔 수 없는 생과 사의 법칙이다. 그럼에도 우리는 "빈손을 채우고자/ 허리가 휘도록" 평생을 허우적댄다. 그리고 결국은 '빈손' 그대로 떠나고 마는 것이 아닌가. 이런 사실이야말로 "손바닥 펼쳐들고 증명하는 무소유"의 결과가 아니고 또 무엇이 되겠는가. 시인은 이런 인생의 허무한 현상을 "내 평생 헤매고 다닌 것이 겨우/ 움켜쥔 주먹 슬그머니 내려 펼쳐놓기 위함인가"라고 다소 자조적이고 냉소적인 성찰의 발화를 표출하고 있다.

이런 성찰과 반성은 결정적으로 마지막 연의 자신의 두 손에 대한 강렬한 질타로 나타난다. 오른손은 '이놈'이고 왼손은 '네놈'이 된다. "뭐 잘났다고/ 그렇게 설쳐대며 오두방정을 떨고 있는 것이냐"고 양손을 꾸짖고 있는데 여기서 몹시 경망스럽게 하는 말이나 행동을 가리키는 우리 고유의 토속어 '오두방정'이란 말이 특별히 눈에 띈다. 그런데 어차피 빈손이 되고 말 것을 화자 자신도 '오두방정'을 떨며 살고 있음을 깨닫고 있다. 통렬한 자기비판과 함께 깊은 성찰이 담겨있는 발화가 아닐 수 없다.

위 인용된 시는 시집 『노을 씨, 안녕!』(2009)에 수록되어 있는 작품으로 윤범모 초기 시세계를 잘 보여주는 대표작의 하나라고 할 수 있다. 내친 김에 중반기의 작품 하나 더 독서

하며 논의를 계속하기로 하자.

> 가야산 깊은 밤
> 덩치 큰 짐승의 할 소리에 잠을 깨다
> 방문을 여니 찬바람 떼로 몰려오고
> 맞은편 능선 위의 별 수좌 초롱초롱하다
> 담장 곁의 깡마른 대나무 선승들
> 머리 조아리며 중도가證道歌를 암송한다
> 아, 깨어 있구나
> 모두들 철야 용맹정진하고 있구나
>
> 멍청한 잠꾸러기 하나
> 겨울 오줌보나 채우고 있었는데
> 한 소식 얻은 만물들
> 기쁨에 겨워 춤추고 있구나
>
> 캄캄한 밤
> 염치불고하고 박차는 문
> 멀고 먼 해우소 가는 길에
> 드디어 터지는 오도송悟道頌
>
> 아, 오줌 마렵다!.
>
> ―「멀고 먼 해우소解憂所」 전문

인용된 시는 시인의 중반기 시집 『멀고 먼 해우소』(2011)의 표제 시이기도 하다. 부제 '해인사 백련암'으로 보아 시인은 지금 깊은 '가야산' 속에 위치하고 있다.

　깊은 밤이다. 시인은 "덩치 큰 짐승의 할 소리에 잠"이 깨었다. "할喝"은 선승禪僧이 말이나 글로 표현할 수 없는 도리를 나타낼 때에 내는 소리다. 산짐승 우는 소리를 '할'로 듣는 시인의 귀가 대단하다. "방문을 여니" 찬바람이 불어오고 건너 능선 위에는 "별 수좌 초롱초롱하다" 또한 '선승들'로 비유되고 있는 담장 곁의 대나무들은 "머리 조아리며 증도가證道歌를 암송"하고 있다. 여기서 '증도가'는 불가의 도덕과 훈계의 뜻을 담아 칠언시로 만든 짧은 노래를 말한다. 산속의 깊은 밤이지만 모두 잠들지 않고 깨어 "철야 용맹정진하고" 있다.

　그런데 화자 자신은 무엇을 하고 있는가. 모든 것들이 용맹정진하며 한 소식 얻고 기뻐하고 있는데 자신은 겨우 "오줌보나 채우고" "멍청한 잠꾸러기"가 되어 잠이나 자고 있었던 것이 아닌가. 시인은 갑자기 문을 박차고 "멀고 먼 해우소"로 달려간다. 해우소解憂所는 근심, 혹은 번뇌를 푸는 곳이라는 뜻을 가진 '사찰에 딸린 화장실'을 말한다. '멀고 먼'이란 수식어가 눈에 띤다. 실제 거리도 멀지만 볼일이 매우 급한 화자의 마음이 드러나는 수식어가 아닐 수 없다. 화자는 잠들기 전 한 잔하며 오줌보 채우고 있었음에 틀림없다.

　드디어 해우소로 달려가는 화자도 "오도송悟道頌"을 터뜨린다. "아, 오줌 마렵다!" 우리는 느닷없는 이 발화에 눈을 크게 뜬다. '오도송'은 불도의 묘리를 깨쳤을 때 부르는 노래다. '오줌 마렵다'라는 말과는 한참 거리가 있다. 그러나 당장 오줌통이 터지게 생겼는데 무슨 불도의 묘리를 따지고 자시고 할 수 있겠는가. 실상 우리가 무엇보다 먼저 할 일은 근심, 걱정을 내려놓는 일이고 이는 진실이다. 시는 끝이 났다. 그러나 우리는 해학이 혼재된 시인의 통렬한 역설에 웃음을 베어 물며 고개를 끄덕이게 된다.

5.

우리는 위 작품에서 '할', '증도가'. '해우소', '오도송' 등 많은 용어를 대하며 시인의 해박한 불교에 관한 평소 지식을 절로 느끼게 된다. 그러나 이런 말에 대한 정확한 지식이 없어도 독자들의 작품 이해에는 아무런 걸림돌이 되지 않는다. 이는 앞서의 「주먹에서 손바닥까지」에서도 마찬가지다. '허기진 욕망', '주먹 쥘 힘', '육신의 자루', '무소유' 등 생·사의 인식에 대한 관념을 표출하는 말이지만 전체적 작품 이해에는 아무런 문제가 없다. 이런 점은 윤범모 시편의 가장 큰 장처라고 할 수 있다.

한마디로 그의 글은 자기 '성찰과 반성'이 주요 주제가 되고 있다. 그런데 그 주제의 전개 방식이 아주 독특하다. 그는 우선 자신이 위치하고 있는 주변의 상황을 미학적으로 그려내기 시작한다. 위 글에서는 별이 초롱초롱한 밤, 가야산 속의 산짐승 우는 소리, 대나무의 노래 소리 등이 아름답게 묘사되고 있다. 바로 이 과정에서 불교 용어들이 견인된다. 짐승 소리는 '할'로 대나무의 노래는 '오도송'이 되는 것이다. 그리고 시인은 그것들은 모두 깨어 '용맹정진'하고 있다고 느낀다.

시인은 그제야 자신에게 눈길을 돌린다. 그리고 자신이 단지 "멍청한 잠꾸러기"가 되어 있었음을 반성하고 해우소로 달려가며 "아, 오줌 마렵다!"라는 의외의 역설적인 오도송을 발화한다. 겉으로는 모순되고 불합리하여 진리에 반대하고 있는 듯하나, 실질적인 내용은 진리인 말이 역설이다. 결국은 이 말의 속내도 자신을 성찰하고 반성하는 '오도悟道'의 노래가 되고 있는 것이다.

시인의 이런 독특한 글쓰기 스타일은 앞에서 읽은 모든 작품에도 공히 해당된다. 한 예로 「세계의 근원」에서 시인은 '쿠르베'의 시제와도 같은 작품을 나체의 "젊은 여자"가 가랑이까지 "쫙 벌리고" 있는 그림이라고 도발적으로 묘사하기 시작한다. 물론 이 과정에서 시인은 자신의 미술에 관한 전문지식을 견인한다. 그러나 시의 전체적 이해는 우리가 보는 것처럼 전혀 문제가 없다. 그림에 대한 묘사가 끝난 후에야 시인은 '세계의 근원'을 화두로 삼아 자신의 성찰적 사유를 피력한다. 즉 우리는 모두 "그곳에서" 나와 일생을 살면서도 자신의 근원조차 모르고 "어디서 왔다가 어디로 가는지"도 모르는 놈인 것이다. 이는 야외전시장에서 「벌거벗고 노래하는 사내」의 경우와도 같다. 때가 되면 턱을 꺼떡거리며 "무조건 노래를 불러야 하는" 설치작품의 사내를 연민과 슬픔의 눈으로 바라보며 시인은 이를 스스로의 모습으로 전이시켜 존재론적 성찰과 반성의 눈으로 자신을 다시 보게 되는 것이다.

앞에서 '성찰과 반성'이 시인의 글에서 주요 주제가 되고 있음을 언급했다. 그렇다면 이는 형이상학적인 철학적 관념과 불가분의 관계를 갖게 되고 글은 난해해질 수밖에 없다. 그럼에도 그의 글은 이해의 어려움이 없다. 또한 그의 글에는 자주 해박한 전문지식도 동원된다. 마찬가지로 아무런 이해의 문제는 없다. 이는 상당히 주목할 점이다.

왜 현대시는 난해한가. 흔히 제기되는 소박한 질문이다. 이런 낯익은 질문이 되풀이 되는 것은 많은 독자들의 공동경험에 의해서이다. 그러나 시를 즐기고 이해하는 데 있어서 쉬운 시와 어려운 시라는 이분법적 파악은 지혜로운 일이 아니다. 어려워서 도무지 이해가 되지 않는 시는 그냥 지나쳐버리면 되는 것이다. 좋은 시와 그렇지 못한 시가 있다고 생각하는 것이 훨씬 낫다.

나는 「바람 미술관」을 평하며 한마디로 윤범모 글의 가장 큰 특징이자 미덕은 작품이 '쉽게' 이해된다는 점이라고 강조한 바 있다. 일반적 산문의 경우 말은 목적을 수행하는 유용한 도구가 되지만 시에 있어서는 말 그 자체가 목적이 된다. 전자는 본질적으로 효용을 목적으로 언어를 사용한다. 따라서 추상적인 관념이나 이념이 바로 제시될 수 있다. 그러나 후자는 우선 선연하고 구체적인 이미지가 먼저 제시되고 관념은 그 속에 숨어있게 마련이다. 감각적 이미지는 정서적 충동을 야기하고 독자를 글과 친화적이 되게 한다. 환언하면 '쉽게' 이해할 수 있게 하는 것이다. 따라서 시에서는 그 지시적 의미에서 눈길을 돌려 자신의 '형식적 특징'을 주목하게 한다. 즉 '미학적 형상화', 혹은 '문학적 장치'와 큰 관련을 맺게 하는 것이다.

나는 앞의 같은 작품을 평하며 이런 제반 형식적 특징을 살펴보았다. 미술관의 배경을 보며 눈앞에 달려드는 것 같은 선연한 '심상'을 보았고, 낡은 벽 틈새로 막무가내로 "비집고", "끼어든" 햇살과 바람의 '비유'도 보았다. 종지형 '-하다니'의 반복으로 음악성을 창출하고 있는 것을 보았고, 바람미술관에서는 "소리를 보라고" 전시하고 있다는 말에서 통렬한 '역설'도 보았다. 바로 이런 문학적 장치들이 친화력뿐만 아니라 호소력까지 더해져 독자들이 시인의 작품에 쉽게 다가서게 하는 역할을 하고 있는 것이다.

6.

특유의 친화력과 호소력으로 쉽게 독자의 마음을 끄는 윤범모의 작품에서 절대로 간과할 수 없는 결정적 사항이 또 하나 있다. 시인의 언어 구사력이다. 그의 시어에는 예리한 언어적 통찰의 결과로만 나타날 수 있는 시원한 파격이 있다.

말은 일정한 지시적 의미를 갖게 되는데 그것은 언어공동체의 묵계와 관습에 의해 결정된 것이다. 또한 지시적 의미 외에도 어휘는 각기 특유한 함축을 가지고 있는데 이 역시 공동체의 동의에 의해 형성된 것이다. 그러나 이 둘의 느낌 차이는 천양지판이다. 이는 동의어를 검토해 보면 확실해진다. 초기 작품부터 순차적으로 읽어보자.

초기 작품 「주먹에서 손바닥까지」에는 "오두방정을 떨고 있는 것이냐"라고 자신의 손을 꾸짖는 말이 나온다. '오두방정'은 말이나 행동이 찬찬치 못하고 경망스럽고 주책없을 때 쓰는 우리 고유의 토착어다. 만약 이 발화를 "경망스런 언행을 하고 있는 것이냐"라고 했다면 어땠을까. 물론 같은 뜻의 말이다. 그러나 시적 아름다움은 크게 훼손되고 만다.

중기 때의 시 「멀고 먼 해우소」에서의 "덩치 큰 짐승"은 '체격이 큰 동물'과 동의어이다. 그러나 앞의 토박이 언어와 뒤의 후기 교양 언어는 어쩔 수 없는 불협화음을 빚어내고 있다. "아, 오줌 마렵다"라는 결구도 "아, 요의가 느껴진다."고 했다면 작품의 정취는 영영 사라져 버렸을 것이다.

최근 작 「벌거벗고 노래하는 사내」도 마찬가지다. 제목 자체를 '나체로 노래하는 남자'라 해도 정확한 동의어다. 그러나 시의 맛은 끝장나 버린다. 또한 "허우대만 그럴듯하지/ 팬티 한 장 걸치지도 못하고"를 "몸집만 크지/ 짧은 하의 하나 착의하지 못하고"라고 했다면 작품은 웃음거리가 되고 말았을 것이다.

 우리는 여기서 우리의 토속어인 '오두방정', '덩치', '허우대'라는 앞의 세 어휘를 통해 시에 있어서의 함축의 무게가 얼마나 압도적인 것인지 재확인하게 된다. 또한 시인이 동원하는 어휘들의 '걸맞음'의 조화에서 시의 성패가 좌우된다는 사실도 재확인하게 된다. 이런 사실은 같은 시집 안에 있는 「시껍했네」, 「복장 터질 일」, 「나는 진짜 도둑놈이다」와 같은 시제 만 보더라도 확실하다.

 사람들에게 호소력을 갖고 애송되는 시는 대체로 모국어의 기초적인 어휘, 즉 어렸을 때부터 익히 알고 있는 어휘로 되어 있는 경우가 많다. 이런 기층基層언어는 심층에 자리 잡고 있어 호소력도 강하고 함의도 풍부하다. 의식이 미치지 못하는 영역에서 순식간에 우리의 정감과 태도를 결정하는 이런 언어는 다급할 때 절로 튀어나오는 개인적 차원의 사투리와도 같다.

 시인이 구사하는 언어와 관련하여 특별히 언급해야 할 사항이 있다. 시의 언어는 일종의 원시주의를 내포하고 있다. 특히 인간의 절실한 정감을 토로하는 투박하고 직정적인 기층언어는 삶의 외경과 신비, 그 뜨거움과 한기를 직접성과 구체성을 구현하며 우리의 온몸에 그대로 치고 들어온다.

 최근 작 중 하나인 「세계의 근원」 첫 연은 "누워있는 젊은 여자/ 가랑이를 쫙 벌리고 있다/ 아무 것도 걸치지 않고"로 문을 열고 있다. 우리는 이런 도발적 발화에 흠칫 놀라게 된다. 특히 "가랑이를 쫙" 벌렸다는 말은 상소리에 가깝다.

시어와 관련하여 시는 아름다운 언어로 만들어진다는 우리가 흔히 갖는 오해를 지적할 필요가 있을 것 같다. 시는 즐겁든 고통스럽든 인간의 모든 경험을 소재로 삼는다. 마찬가지로 아름다운 어휘뿐 아니라 비어, 속어는 물론 상스런 어휘도 얼마든지 시의 언어가 될 수 있다. 아무리 더러운 언어도 연금술사 같은 시인의 연마를 거치고 나면 보석처럼 빛을 발하게 되는 것이다. 만약 위와 같은 놀라운 발화가 없었더라면 위 작품은 지적이지만 정말 무미건조한 작품이 되고 말았을 것이다. 다른 한 예로 "아, 만만한 게 홍어 좆"(「저 홍어 수컷이 부럽다」)과 같은 짧고 강한 성찰의 결구를 보자. 흑암의 배경에서 반짝이는 영롱한 보석 한 개의 역할을 하고 있지 않은가. 이런 어휘들을 과감하게 작품에 견인한 시인에게 박수를 치고 싶다.

7.

작품 몇 편을 붙들고 이미 많은 지면을 할애하고 있다. 나에게는 하나의 신조가 있다. 문학은 삶에서 구할 수 있는 즐거움의 하나이고 비평가는 당연히 작품의 아름다움을 밝혀 독자와 함께 즐겨야한다는 것이다. 따라서 성실한 수고를 바쳐 작품 하나라도 제대로 읽어 내야 독자들의 이해는 물론 다른 작품들의 독해에도 결정적 도움을 줄 수 있다는 믿음을 갖게 된 것이다.

아주 독특하게 읽혀지는 윤범모의 작품들은 전체적으로 의식의 토로 방식이나 그 표현방법에 균질성을 보이고 있다. 많은 작품을 인용하여 평을 하고자 욕심 낼 일이 아니라는 생각이 들었다. 그렇게 되면 지면만 낭비하고 또한 깊이 있게 작품을 들여다 볼 수도 없다.

값진 독서 경험이었다.

문예시선 014

파도야, 미안하다

초판1쇄 발행 2023년 10월 30일

지은이 윤범모
펴낸이 오경희

주간 조승연
편집·디자인　오경희 · 조정화 · 오성현 · 신나래
　　　　　　　　박선주 · 이효진 · 정성희
관리 박정대

펴낸곳 문예원
창업 홍종화
출판등록 제2007-000260호
주소 서울 마포구 토정로 25길 41(대흥동 337-25)
전화 02) 804-3320, 805-3320, 806-3320(代)
팩스 02) 802-3346
이메일 minsok1@chollian.net, minsokwon@naver.com
홈페이지 www.minsokwon.com

ISBN 979-11-90587-41-9 04810
　　　979-11-965602-2-5 SET

ⓒ 윤범모, 2023
ⓒ 문예원, 2023, Printed in Seoul, Korea

이 책은 저작권법에 따라 보호를 받는 저작물이므로
무단전재와 복제를 금지하며,
이 책의 전부 또는 일부를 이용하려면
반드시 저작권자와 출판사의 서면동의를 받아야 합니다.